校長爸爸的生活教養學 增訂版

聽孩子說，比說給孩子聽重要

親職教養專家 黃登漢

目次 Contents

增訂版序

家庭是每一個人的起跑點

家庭是每一個人的起跑點，生在什麼樣的家庭，遇到什麼樣的父母，其實就有著不同的遭遇。

所謂好的家庭，並不是指有錢人家。父母的觀念和做法，家庭的環境佈置，家庭的氣氛互動，以及父母的待人接物，這一切都影響著孩子的學習和成長。

有些有錢人忙著賺更多的錢，只忙於事業，忽略了家庭對兒女的關照，有些人家庭窮困，父母把所有時間都放在為三餐打拼，除了工作還是工作，根本沒有時間照顧孩子。

不同的孩子出生之後，其實資質相差不多，但是父母願意花心思和時間陪伴，這就是最大的差距。因為孩子學習的第一個老師其實就是父母，孩子有適當的玩具和遊戲空間、時間，這是父母所提供的。孩子有正常的作息，有豐富的學習，也是來自於父母親的安排。

城堡不是一天蓋起來的，多數人看到的是別人的成果，卻不知道人家的付出。孩子的快樂和創意，往往在父母親所提供的玩具或者是和孩子一起做遊戲，這些過程當中充滿了情感的交流，是親子關係的穩固基礎，孩子的好奇心和觀察力，絕對是在父母的引導和鼓勵之下，不斷的發展延伸，為孩子的學習奠定了一個良好的基礎。這些真的不是到學校才等老師教的，它是一輩子的事情，是一種態度，更是一種習慣。

很多人以為學習就是到學校去讀書考試，所以要贏在起跑點，就是送去讀昂貴的雙語幼兒園，去念很貴的私立小學。比別人早學英文，比別人早學心算，認為這樣就是贏在起跑點。

卻不知道起跑點在更前方，就是孩子出生時已經開始了，在學前已經開始了，父母親的一言一行都影響著孩子，父母親對家庭的規劃經營都影響著孩子。

家裡的髒亂除了直接關係著孩子的健康，也影響了孩子的生活行為習慣；全家作息時間的混亂，關係著孩子的生長發育和學習效果。父母經常爭吵，那情緒的錯亂，更直接影響了孩子的安全感和幸福感。

這些都是有形無形的影響，就像陽光、空氣、水，對於生物的生長有著巨大的影響一樣。

家庭才是每一個孩子的起跑點。父母的觀念和做法，家庭的環境佈置，家庭的氣氛互動，以及父母的待人接物，才是起跑的關鍵。

專家推薦

校長爸爸原來是好爸爸

吳娟瑜
——親職教育專家

自從公視「爸媽囧很大」節目開錄以來，我常有機會和黃登漢校長同台擔任專家來賓。他的論點、他的表達、他的語氣……哈——還有他的堅持（有些學生席的不當說法，他是不會輕易妥協讓步的），常常讓我回頭認真地望他一眼。

確實，他就像是一個家庭裡扮黑臉的老爸，坐在攝影棚裡，還是義正嚴詞地、雞婆式地管起別人家的孩子，原來這是他多年來，身為一個學校校長的作風，私下他見到學生都是噓寒問暖，鼓勵有加；可是，若學生的言行舉止、思考模式有了偏差，他是不會視而不見的。

我曾經好奇過——像黃校長這樣看起來外表威嚴、內心熱忱的人，他又是如何去教導自家的兒女呢？

我猜測他——會不會也是像關公般地嚴格對待？

結果——我錯了！

非常榮幸，我拿到這本書的手稿，能夠先睹為快，而且越看越有趣，也越看越弄懂——黃校長是怎麼樣當一位好爸爸。

好爸爸把教養子女當成是自己應盡的責任，他不像有些家中男人認定「男主外、女主內」，因而很少參與孩子成長的過程，甚至有時回過頭來責罵老婆：「孩子是怎麼教的？這麼愛發脾氣？功課這麼爛？」

黃校長不但樂於參與孩子的成長過程，我發現他還有一招很厲害——他會用「不動聲色、不著痕跡」的方式陪伴孩子在犯錯的時候、遇到挫折的時候、叛逆的時候、迷惘的時候、面臨抉擇的時候……

然後，用超有耐心、超有方法地引導三個兒女重新再經驗下、再處理一下、再感覺一下、再回味一下……例如：當大兒子河之補習班下課後卻不見人影時，當二兒子海之不想唸書想去賣麵時，當小女兒晴之沈迷在社團少碰課業時……

黃校長總是冷靜的、溫馨的、自我反省的、自我調整的、和老婆充份溝通的，再重新處理各式各樣家中的問題。

一邊閱讀黃校長這本新書，一邊也反思我自己教養兩個兒子的過程，對照之下，我發現做媽媽的我，在兩個兒子小時候，我有不少的失誤——我會衝動罵人、我會怪罪老公不參與、我會催促他們動作快一點、我會自作主張為孩子做決定……好了，不要再自曝己短了，如今，我仍在努力修正中。

在這裡是要恭喜各位讀者，當你開始拿起這本書來閱讀時，你肯定在字裡行間會找到教養孩子的葵花寶典；你絕對從一個個例子中可以學到——原來處理寶貝兒女的各種問題是擔心的、緊張的、挑戰的；但也可以是彈性的、有趣的、放鬆的……

「陪孩子玩、陪孩子聊天、陪孩子學習」，這就是黃校長身為爸爸時的生活哲學，由他信手拈來都是智慧，都是幸福。各位爸爸媽媽一定可以從中得到會心一笑的領悟並堅定信念的繼續成長。

孩子說 1

和朋友相比，我家好像不太正常

黃河之

作者大兒子
成大土木工程系畢業
目前在國外工作

小學時音樂課，老師教唱著〈我的家庭〉，讓我以為每個家庭都如此可愛。直到上了高中，周圍同學好友的羡慕眼光才讓我驚覺，原來歌詞中說的可愛家庭，對某些人來說是一種夢想，而且不見得能實現。

還記得高中時，班上成績不錯的同學到我家玩，碰見了我的父母，雖然只是幾句簡單言談，卻讓同學好生嫉妒。在我父母出門之後，同學馬上用驚訝的表情和我說：「好羡慕你有這樣的爸媽喔。」

『這有什麼好羡慕的？我才羡慕你每個月都有那麼多零用錢。』

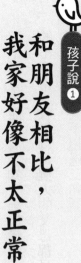

「你爸竟然會和你聊美國職籃！我爸只會問我三件事。」

『問哪三件事？』同學的話反倒引起了我的好奇心。

「吃過飯了沒？最近書讀得怎麼樣？零用錢夠不夠？」

這次的對話讓我印象深刻，讓我發現到自己的家似乎有點與眾不同。也才知道不是每個同學都會和父母聊學校聊身邊發生的事，或分享彼此的心事，或談論未來的理想抱負，甚至根本不敢讓父母知道自己在外犯下的過錯。

相形之下，我的家庭的確不太正常，簡直太怪異了。

父母的教養方式與態度，讓我總是滿心雀躍的和他們聊天聊理想聊未來，即使犯了錯，也能勇於告知，勇於懺悔。我以為很正常的事情，在別人眼裡原來是這麼的不正常，我以為每個人的父母都是自己的諮詢對象、心靈導師，原來很多人和自己的父母聊天不超過三句話。

在我與弟妹妹的成長過程中，我的父母不斷的培養我們獨立思考的能力，他們從來不干涉我的決定，只是從旁建議，協助我做出正確的選擇。日子久了，我也十分樂於和他們討論事情，諮詢他們的意見，因為我知道他們的經驗能夠供我參考，或許能讓我少走些冤枉路。

我的父母也很喜歡聽孩子的意見與分享。他們了解這是個資訊爆炸的時代，孩子絕對能比他們更迅速地吸取新知，與年輕一代互動與交流，能讓他們不至於跟不上社會快速變動的腳步。

我曾經在報上看到一則令人震驚且難過的社會新聞，一個女大學生慘遭殺害，而兇手竟然是同校的男同學。至於男同學的殺人動機，居然只是因為心儀女同學，想要追求，向女同學要手機號碼，卻吃了閉門羹。就一個電話號碼，造成的是兩個家庭永遠的悲劇。

男大生或許不曾讓自己的父母知道，在學校有一個讓他心儀的女孩子，苦苦追求卻始終得不到好的回應。女大生或許也沒讓自己的父母親知道，有這樣一個瘋狂追求自己，卻又不是自己喜歡的對象。

不然，我相信男大生的父母一定會告訴他，真的喜歡這一個人，就要尊重他，祝他幸福。女大生的父母也一定會教導她，遇到瘋狂追求的人該如何在不刺激他的情況下拒絕他，該如何保護自己與求援。

最近這些年，我的爸爸把自己的教養方法與曾經碰過的困難等，利用出書與演講的分享，將我們家的生活教養學，傳給更多有心的父母，期待透過這本書的上市，能夠給其他人帶來些助益。

孩子說 2

他總是陪我度過每段困惑時光

黃海之

作者二兒子
曾赴英國攻讀碩士
目前在金融界工作

升高中的那個暑假，我有機會去參加數理資優班的入學考試，結果很幸運地被錄取，家人的想法很單純，既然考上了，那就去念，尤其念過該高中的哥哥，更是強力支持我去就讀，也開啟了我在資優班的日子。

還沒開學，資優班的先修課程就開始了，從來沒想過的數學題目與證明，讓我懷疑這是高中還是大學。開學之後，上課的進度飛快，還有許多補充教材，同學們連下課都不肯離開座位猛啃書。

一個學期後，我萌生退出資優班的念頭，與老爸詳談我的想法，他沒有多說什麼，於是我回歸普通班級。又一個學期後，面臨分組的決定，我數學底子不錯，卻選擇了社會組，有些親戚不能理解，我爸媽的朋友更是覺得數學好不念自然組可惜了，可是老爸在跟我討論完之後，依舊支持我的決定。

高中叛逆期的一次爭吵中，我向老爸撂話，說我不想念書要去賣麵，這一次我沒有得到任何支持，老爸勃然大怒，我們父子倆起了很嚴重的衝突，我更斷然嗆了老爸一句：「你就是看不起賣麵的。」所幸家人感情很密切，再大的爭執，都會很快化解，這一次的對立，也只變成過去的一頁歷史。

求學過程中，我的迷惘從未減少，一次又一次想要放棄念書這條路，在考研究所的風潮裡，我反對學歷主義，打算先工作。度過一陣子上班族的生活，我卻了解了社會對學歷的要求，又決定出國念研究所。在國外的日子裡，課業與生活上的紛紛擾擾，也想過放棄學位，回臺灣開一間咖啡店就好。而這一路反反覆覆的過程裡，父母親對我總是支持，只要我考慮清楚，沒有什麼不能做或是不該做的。到了這個時候我才深深了解，老爸當年的怒火，並不是瞧不起餐飲業，而是對我隨口拋出不經思考的氣話，感到十分失望。

漫漫求學路，從武陵高中、政治大學到英國的蘭開斯特大學（Lancaster University），我在不安之中，替自己做了升學階段的所有選擇，當下或許會對父母親不表明任何立場感到有些不滿，回頭看看，卻覺得這樣才是正確的方式，沒有人操縱我的人生，所以責任都在自己，也因此省去了許多責怪他人的時間和氣力。

這就是我爸爸。他總是陪著我度過每一段困惑的時光，向來不吝於給我意見，我即便如此，他未曾表態過任何立場，甚至是建議任何決定，因為這是我的人生，我必須做決定。除了品行上的要求之外，他從不在意我的課業成績，也不在乎我念什麼學校，念書與否，是我自己的事情，怎麼樣去選擇學校，是我本身的責任，做什麼工作，是我個人的喜好。而未來的路上，令我驕傲的父親，依舊會陪著我做每一個決定。

孩子說 3

我得到很多關愛，但絕不是溺愛

黃晴之
作者小女兒
畢業於政治大學
目前工作中

我在家裡排行老么，別人常常會認為，那我必定得到父母特別的寵愛吧！事實上，我們家人感情是很好，彼此的關係很緊密，我也得到了許多關愛，不過，卻不是溺愛。

從小，爸爸媽媽常陪伴我們，講故事給我聽，一起玩遊戲。幼稚園時，就換我嚷嚷著要講故事給爸媽聽，而他們也總是耐心聆聽，給予鼓勵。還記得小時候特別喜歡颱風夜停電的時刻，全家人聚在爸媽房間，點著蠟燭，玩撲克牌。每天睡前也喜歡纏著爸爸陪我玩牌，取得勝利便特別歡欣。

長大後才知道，說故事給孩子聽，並不是打發小孩，爸媽是付出許多心力在和我們相處的。玩撲克牌不是遊戲，同時也學習了算術和邏輯，更重要的是，培養了家人間的情感，並不是一定要得到多麼昂貴、多麼新潮的玩具才是快樂，家人相處的自在，是長時間慢慢孕育出來的，更是金錢買不到的。

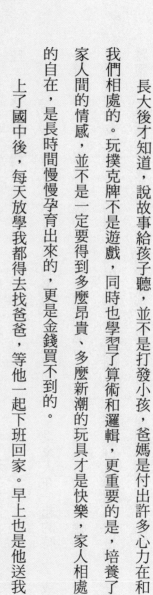

上了國中後，每天放學我都得去找爸爸，等他一起下班回家。早上也是他送我上學，只是早晨我總是昏昏沈沈，但到了下午時間，回家的路上，就有說不完的事情想跟爸爸分享。說著一整天在學校發生的趣事，分析著身邊的人事物，闡述我小小的雙眼對世界的觀點，我滔滔不絕地說，爸爸也仔細傾聽，和我聊著他的想法，也不忘在我迷惘的時候鼓勵我。

這時期的我很困惑，總想著為何要讀書，將來又要做什麼。爸爸告訴我不用擔心，他說在這個年齡他也不知道要做什麼，但是學習吧！不管將來要做什麼，好好的學，把握各種機會學習，不必去擔心未來。他說：「迷路也是一種收穫，因為認識了以前沒走過的路。」勉勵我嘗試更多、累積更多的經驗。

高中的時光，在現在的教育體制下，總是有些苦澀。不過每天早晨，爸爸送我去搭校車前，總是會準備好早餐。雖然不是大廚，美味也不比早餐店，但是爸爸的愛心，讓我每天都充滿了元氣。高二時，我花很多時間在社團，雖然也影響了部分課業，但是爸媽仍然支持我，讓我痛快的做自己，因為他們認為這些事都是學習，只要方向正確，他們並不擔心。而考大學前，雖然爸媽沒有給予我沈重的期望和負擔，但我自己的好勝心帶給了自己不少壓力，此時，爸媽更是我心靈上重要的支柱，讓我放鬆心情去面對考試。

念大學後，假日只要沒有別的事情，我就會回家，享受家人在一起的時光，或耍寶或聊心事，家就是充滿歡笑、最溫暖的地方。每當別人抱怨著和父母難以溝通，或偶爾聽朋友，甚至是見到許多同學放假時不想回家，我雖然可以理解，但是卻十分難體會，畢竟，對我而言，家就是避風港，我在父母的愛與關心的灌溉下茁壯。

作者序

用時間釀造幸福

當我們選擇了婚姻，當我們選擇了生兒育女，我們都應該清楚「愛情」只是起點，「幸福」才是目標。我們學習著，努力著，要讓一個家庭幸福又美滿，這是人生中最重要的事。

受邀到各地進行一場又一場的演講，我看到，有人凝神聽講，有人專注筆記，每一個聽眾都用心的想要知道更多養育子女的觀念和方法，想要營造他們人生的幸福家庭。沒錯，因為孩子是我們未來的希望，但也不要忘記，身為父母的我們，才是孩子未來如何的關鍵。

孩子的態度是他們將來切入社會的角度，孩子的氣度是他們未來人生的高度。

但是這一切，包含孩子的習慣，孩子的價值觀，都是在家庭之中養成建立，其實這也就是我們為人父母教養的產值。

而我們總是說要如何教養子女，其實倒不如直接的說，是自己應該如何為人父母，不是要求孩子成長，而是要求自己學習。要知道，做父母的給孩子最珍貴的禮物是「時間」，最充分的愛是「陪伴」。教養子女不是工作，是和孩子相處，是工作之餘的一種休息，一種充電，是愛，是親情的互相滋潤。

我有三個孩子，兩男一女，孩子的個性不同，老大和老三又相差了十一歲，也就是說落差很大，而且教養時間又拉的很長，看起來很辛苦，但事實上不累，因為所有的方法都在生活裡。親子教養重點在相處，因為跟孩子接近，接近才能夠了解，了解就容易溝通。因為願意花時間，有時間就不會心急，心不急就不會生氣，就沒有衝突。

愈早為孩子付出時間，將來親子間的距離愈近，相反的，現在忙到沒空與孩子講話，將來他們也會用同樣的理由，沒空理你。幸福並不遠，只是我們要懂得靠近。陪玩，陪聊天，陪學習，是我們家庭生活的主要成分。不管平日在家，還是假日出門，一家人開心在一起，事件一一發生，一一面對、處理，最後都積存成美好的記憶。現在孩子長大了，有了這些共同的資產，家人有許多的交集，有許多說不完的話題，就自然釀造出了「幸福」。

先前出版了《管教，要掌握鬆緊》，得到許多人肯定，這次又出書了，想改變一種方式，讓大家讀起來沒有壓力，所以用說故事的型態，採取事件的敘述，柔軟的呈現家人生活中的互動，有的事件是啟發，有的事件是衝突，有的事件是引導，但是養兒育女的關鍵點就在這些相處之中，而父母的想法和做法決定了孩子學習的內容和樣貌。因為是描述事件，寫的很口語化，但是也因為這樣反而更真實，希望這樣淺顯的表達，大家能夠接受和喜歡。

教導孩子從小就由尊重父母做起，因為孩子如果對自己父母都不知尊重，怎麼可能在乎他人？

孩子們放學回家看到桌上有一袋山竹，眼睛頓時亮了起來，因為山竹被稱為是果后不是沒有原因的，一旦嚐過那滋味的人，都很難忘懷，當時，山竹這種進口水果在臺灣曾經掀起一陣旋風，不只是我自己愛吃，孩子們也都很喜歡。但是山竹這種水果的外殼很硬，以小朋友的力量，徒手根本沒辦法打開來吃，於是，他們兄弟倆便很聰明地去向媽媽求援。

大兒子不失他大哥的風範，遇到問題當然一馬當先去挑戰：「媽媽，我們想吃桌上的山竹，幫我們剝一下。」

媽媽這時候正在廚房裡忙著準備晚餐，連身子都沒有轉過來看一眼，只是簡單的回覆一句：「嗯，等爸爸回來好不好？」

孩子們當然也懂得察言觀色，知道這時候媽媽正忙，要多下點功夫才能引起注意，於是小兒子善加利用他年紀較小的優勢，開口就是撒嬌：「媽媽，可是我好想吃山竹喔，先幫我剝好不好？」

媽媽知道這兩個小鬼不是省油的燈，現在不先處理，到時候他們一直來打擾，反而會弄得心浮氣躁，連煮晚餐的時間都可能耽誤，於是，擦了擦手，走出廚房。孩子們看到媽媽要來幫忙，高興的不得了，忍不住頻頻舔嘴唇，可是，媽媽只是坐在廚房的門口，用很認真的眼神望著兩個孩子。

「你們知道爸爸最喜歡吃什麼水果嗎？」媽媽很有技巧地提問。

「知道，山竹。」兩個孩子異口同聲地回答。小兒子特別機靈，猜得到媽媽話中有拒絕的意思，於是他立刻補上一句：「可是我們也喜歡吃山竹。」

「沒錯，我們家的人都喜歡吃山竹，但那不代表想吃多少都可以。」

「袋子裡有那麼多，我們會留給爸爸。」大兒子用正直的口氣說著，想要表示出他已經懂事，也懂得公平分配的道理。

「你們想想看，除非哥哥去補習，或者是爸爸有飯局，我們是不是每天都一起吃晚餐？如果哥哥搭公車晚了，又或是爸爸遇上塞車比較慢回家，我們是不是都會稍微等一下，一家人到齊了才開動？你們有沒有想過是為什麼？」

「是要有禮貌。」大兒子的想法還是很單純直接。

古靈精怪的小兒子說的很抽象卻很實際：「是因為大家一起吃比較開心。」

「嗯，你們說的都對，所以啦，如果今天爸爸回家，看到山竹已經被吃掉不少，一定覺得你們有點沒禮貌，竟然自己先吃了不等他。然後，爸爸一個人在那邊自己剝山竹，孤伶伶的吃，不是太可憐了嗎？你們還是等他回來再說吧。」

兩個小鬼頭聽到最後，發現媽媽的答案跟原本沒兩樣，不禁失望的離開。可是小孩子注意力很容易轉移分散，兩兄弟在客廳玩起撲克牌，很快嘻嘻哈哈地笑得開懷，彷彿剛剛碰的軟釘子已經被拋到九霄雲外。

不久之後，車庫電動門的聲音響起。「爸爸回來了！」小兒子驚呼一聲。這時候也差不多要開飯了，孩子們當然沒閒著，按照慣例幫忙端菜盛飯，準備碗筷，一家人在一起吃晚飯，聊聊在學校發生的事情，氣氛十分愉快。只是大兒子很認真的把吃山竹這件事情放在心上，剛剛吃完晚餐，就忍不住開口問：「爸爸，我們等一下可以吃山竹嗎？」

「當然可以，但是你們要趕緊幫媽媽把桌子收拾乾淨才行。」

◎讓孩子從小懂得尊重與分享

終於，在飯後的客廳，雖然剝山竹的雙手被染得紫紫的，每個人卻都眉開眼笑，一邊閒談，一邊滿足地吃著水果，不過就是一袋山竹，卻給整個家裡帶來滿滿的歡樂。就寢之前，老婆才告訴我在晚餐前發生的故事，我不僅贊同她善用機會教育的睿智，一方面也認同她傳達給孩子的觀念，更欽佩她在忙碌家務之時，仍然能跳脫出情緒和時間壓力，專注在孩子的教育上。

時至今日，孩子都已經長大，回家時仍有著這樣良好的規矩，不管要吃什麼東西，都會打聲招呼，問問這是誰買的？可不可以吃？即便是年紀比兩個兒子小許多的女兒，也在兩個哥哥的影響之下，自然而然養成這樣的習慣。

校長爸爸的叮嚀

很多現代父母都認為自己經濟上沒有問題，孩子想吃點東西，花不了多少錢，所以無傷大雅，小孩想吃什麼，就讓他自己去拿、自己去找，甚至給他錢讓他自己去買。何必限制孩子呢？這是疼孩子也是愛孩子啊！

可是，從安全的角度上來看，有時候難免東西放太久而過期，或者是保存方式不佳造成食物腐敗，如果讓孩子不小心誤食，吃壞肚子還算小事，若演變成為食物中毒，那可就麻煩了。

另外，從健康方面而言，無論大人小孩，我們都得注重飲食均衡。即便是大人，都很難抗拒食物的誘惑，容易只挑自己喜歡吃的，而且一旦吃到，就拼了命的吃，更何況是身心都還在發展階段的孩子，如果太早就讓他自己決定自己做主，發生偏食或者是吃得過量的狀況，那其實一點也不好。

最重要的一點，是要讓孩子從簡單的日常生活中，懂得去尊重他人。在學齡前的兒童，多數時間接觸到的就是父母親，因此從小培養尊重他人的態度，應該是父母親對孩子的基本要求之一。父母親對於孩子的愛總是沒有極限，可是愛並不是完全的保護和給予。人活在世界上，與社會的互動是必然的過程，如果在家裡連父母都不尊重，怎麼可能尊重他人？**不知道尊重他人的孩子，在社會化的經歷中，當然會遇到許多困難與挫折。**孩子嚷嚷著要吃水果，看起來只是一件小事，可是父母把握生活中的點點滴滴，從細微處做機會教育，才能對孩子的價值觀與待人接物的方式產生潛移默化。

尤其現在生育率低，孩子生得少，不僅僅是父母親寵愛，連爺爺、奶奶都可能成為溺愛的幫凶。常常聽說有小孩子上了幼稚園或是小學，無法與他人相處，難以適應團體生活，其實泰半的原因在於父母親太寵孩子，在家裡當慣了王子、公主，對人總是頤指氣使，**不懂得尊重他人，在充滿自我中心的情況之**

下，當然會對學校的團體生活適應不良。

學會了尊重，瞭解到並不是一切都要圍繞著自己為中心打轉，讓孩子替別人留一點空間，多一些設想，從尊重衍生到理解分享的愉悅，能夠為人著想，有一顆體貼的心，這才是將來在社會上工作、交友、生存的重要祕訣。

親子守則
2
面對困難想辦法
解決是一種重要
的能力

不逃避問題，要學習處理問題，逃避會讓人變得軟弱無能，面對問題是勇氣，學習如何克服困難則是能力的成長。

風和日麗的假期，一場同學們的聚會在石門水庫管理局展開，畢業多年之後，聚會當然免不了帶著各自的小朋友出門，石管局的那片大草坪非常迷人，既平坦又綠又大，這時候簡單就是最好。同學們有的忙著聚首聊天，有的陪著孩子追逐，在茵綠的草地上奔跑，一切真是舒暢。我們的兩個孩子忙著跟其他小蘿蔔頭交朋友，分享口袋中珍藏的寶貝，雖然那可能是昨天剛被爸媽扔進垃圾桶，又偷偷搶救回來的不知名雜物；有小朋友拿著五彩的風箏，往遠處賣力奔跑，以為

這樣自己就會像風箏一樣飛起來；有父子將皮球踢來踢去，撿球的路程往往超過踢球的時間，笑聲卻仍然不絕於耳。

藉由地利之便，午餐我們大啖石門活魚，這遠近馳名的美食是大家都認同的好選擇。許久不見的同學們，縱使一堆娃娃兵在旁喧擾，仍舊讓人感覺好像回到學生時代一樣。一盤一盤的美味上桌，活魚大餐真的令人食指大動，大家動起筷子之後可忙碌了，顧著自己吃之外，還得要忙著顧孩子，吃飯時間嘛，只想玩不想吃的小朋友多的是。

兩個兒子算挺守規矩的，認真的在座位上扒著碗裡的飯。突然間，才六歲的大兒子放下筷子，臉脹紅了起來，表情十分痛苦。「媽媽，我被魚刺刺到了。」話剛說完，眼淚就一顆一顆滾下來。

一時之間大家七嘴八舌地想要幫忙，各種民俗偏方都出現，當時也不懂這麼多，有什麼建議，就照什麼做。

一個同學說：「來來來，弟弟，吞白飯就行了，吞大口一點，魚刺就會被擠下去了。」兒子吞了好幾大口的白飯，還是淚眼汪汪。

另一位同學接著反駁：「不對啦，我小時候，家裡人都是喝醋，喝點醋，魚刺就會被軟化了。」於是我們請服務生從廚房拿來一些稀釋過的白醋，兒子喝完之後，眉頭皺得很緊很緊，情況卻沒有好轉。

「哎呀，喝可樂最快啦，不但有效果，又好喝，弟弟，你要相信叔叔。」又一位同學剛從外面走進來，手中拿著一罐冰涼的可樂交給了兒子，兒子喝下可樂，的確不再滿面愁容，可是額頭上的汗過了十幾分鐘仍未減少。

「媽媽，魚刺還在，怎麼辦？」

於是話題又開始繞著魚刺轉，有人說魚刺一定已經吞下去了，只是傷口還在，感覺好像還是哽在喉嚨裡；有人說孩子的健康重要，不該冒險，還是去看醫生比較妥當。

菜才上到一半，我們只好滿懷歉意提前離席，把吃得正高興，還搞不清楚狀況的小兒子拉走，一個吵著魚刺的痛，一個吵著想要繼續吃，還得在不是很熟的石管局附近，趕緊找診所去掛號。終於，找到了一間耳鼻喉科，不用三分鐘，醫生就很俐落地把魚刺給夾出來，大兒子的痛苦終於告一段落，而我與老婆原本美好的同學聚會和假日，就在匆忙與混亂中收尾。

想不到的是，這一天的魚刺事件並沒有結束。本來我們家裡就很習慣吃魚，晚餐幾乎都會有魚肉，剛開始，大兒子不願意吃魚，我跟老婆認為，孩子大概短時間內還有被魚刺噎到的陰影，那就不要勉強他，可是過了一段時間，他還是

◎讓孩子自己練習品嘗美食的“撇步”

不想吃魚，這就讓事情變得棘手起來。

於是，某一天的晚餐，我刻意夾了一塊魚肉放在他碗裡，怕他太久沒吃魚不會挑刺，我還特地選了刺比較少的。

「爸爸，我不想吃魚。」兒子夾起碗裡的魚肉要送回來，我立即制止他。

「你先告訴我，你不想吃魚的原因是什麼？」

「很麻煩啊，要挑魚刺，不然就會像上次一樣倒楣，被刺到還得去看醫生。」他一邊說還一邊嘟嘴，一臉無奈。

「這樣啊。那爸爸上次喝湯嗆到，不就一輩子不喝湯了？修剪盆栽的時候割到手，以後是不是就不要修了讓盆栽亂長？像是我們上禮拜忘了帶傘出門，只好淋雨回家，那是不是以後只要下雨我們就不要出門了？」

「那又不一樣。」兒子很不服氣的說。

「哪裡不一樣。遇到不喜歡的事情就不做，這道理完全跟你的邏輯相同。魚肉這麼好吃，你應該要學習吃魚的技巧才對。」

兒子當下不能理解我的想法，有點心不甘情不願，用最慢的速度吃著那塊魚肉。我並沒有丟下他不管，而是教導他，魚有魚骨、大刺、小刺，不同的部位有不同的條理，用筷子挑、用眼睛看、用舌頭去感覺，吃飯是種享受，不需著急也不該狼吞虎嚥。

那天之後，又盯著他吃了好幾次的魚肉，他也怕再被刺到，挑魚刺特別小心，經過一段日子之後，他也就克服了對魚的排斥，後來更教他學著吃螃蟹，不同的方式，一樣的道理，一次又一次，熟練了，當然就是談笑風生的享受著美味佳餚。我也藉由這樣的機會告訴兒子，遭遇困難或麻煩的事情，要有耐心有方法，認真面對，努力處理之後獲得的成果，更為甜美，就像吃魚、吃螃蟹，處理完畢麻煩的部分之後，享受到的海鮮是多麼令人滿足。

校長爸爸的叮嚀

很多人都認為生活中的瑣事就是小事、不重要的事，即便做不好也無所謂，尤其是吃東西。無論是偏食或者是怕麻煩，孩子不想要的，就不強迫他，孩子喜歡吃卻怕麻煩，就幫他挑魚刺、剝蝦殼、取蟹肉，麻煩的事情父母代勞，好的成果孩子享受。**可是孩子不會在一夜之間長大，他需要時間慢慢學習成長，如果他從來沒有挑過魚刺，到了二十歲，又怎麼可能突然間就知道如何大啖魚肉呢？**

我不准孩子偏食，也不逼迫他們非要吃多少分量討厭的或是麻煩的食物，每個人能力有限，口味也有差異，還是得量力而為，所以吃的量他們可以取決，卻不能完全不吃。連盤子裡的魚刺都要逃避，那麼將來要怎麼面對真正的困難呢？這不是吹毛求疵，而是一種訓練。**遇到了困難習慣轉頭走開，或者是**

當做沒看見，等到真的無法逃避的事情發生了，哪來的能力去面對問題呢？我們常說因噎廢食，不也就是這種狀況嗎？

從吃魚這件小事，傳達給孩子正確的價值觀，培養孩子面對事情的態度，或許他的能力做不到盡善盡美，但是那種嘗試解決問題的積極想法，才是最重要的。身為父母，對於孩子不可能一輩子無微不至的照顧他們，但適時的教導、訓練他們成長，才能真的放心也才能放手。

人往往是在錯誤之中得到經驗，在犯錯中學習和成長，孩子小時候不要怕他犯錯，因為這是成長的一部分！

大兒子每週都有固定的英文課要上，通勤自然是一個問題。剛開始，因為幾個朋友的小孩也跟大兒子同一個英文班，所以大家就輪流接送小孩，一家一家一個個接著送去，下課時接了，再一個一個送回家，反正朋友跟我們也住得很近，路途上並不麻煩。這樣輪班接送小孩不僅省時間也省力氣，更可以不必擔心其他外來的危險，可說是一舉數得。

不過，隨著時間過去，大家的工作都變得忙碌，即便是輪流接孩子，也開始有一些困難，我想，反正大兒子也已經是高年級的學生，英文班離公車總站也很近，不如就讓他自己坐公車上下課，這樣不僅可以減輕我們的時間調配壓力，也讓大兒子的時間更加自由，也能夠適時訓練他獨立的能力。

帶著他走去公車站牌，陪他等車、坐車，讓他知道要投多少錢，在哪裡下車。第一次的時候，老婆全程陪伴，第二次，老婆就只陪他走到公車站牌，此後，大兒子開始自己坐公車，一切也非常順利，雖然偶爾他會拖拖拉拉，在最後一刻才奪門而出，往站牌的方向奔去，偶爾遇到下班車陣，回到家的時間會晚一些些，可是原則上，他都在很固定的時間範圍內出門與回家。

某一天傍晚，一切正如以往一樣，老婆正在廚房裡準備晚餐，小兒子則是在客廳看卡通，算一算時間，等等大兒子下課回來，也差不多趕上開飯時間。不過，熱騰騰的飯菜已經在桌上備好，碗筷也都擺放整齊，卻遲遲不見大兒子回家，打電話去英文班詢問，對方說有看到孩子去上課，而且下課就離開補習班了，這下真的不知道發生什麼事情，讓老婆急得像熱鍋上的螞蟻，直說要去報警。

沒有手機的年代，無法聯絡上的焦慮，真的不知道該怎麼辦，夫妻兩人又再等了一會兒，還是耐不住性子，決定開車去找孩子。沿著公車營運的路線開，心中的著急讓我想開快點，快點找到兒子，可是還是得仔細看看大兒子是否就在路邊，如果車速太快，又怕會什麼都看不清楚。眼見夜色越來越黑，老婆深怕找不到兒子已經驚慌得手軟腿軟。

終於，在路邊看到了兒子熟悉的身影，提著他英文班的包包，邁著大步前進。老婆趕忙衝下車，緊緊的抱住大兒子，直到後方的車子喇叭大作，母子倆才回到車裡。回家的途中，好不容易把心情放鬆，反倒是一陣沉默，將車子停在車庫之後，歷經長時間的緊張，真的令人感到疲憊，面對早已涼了的飯菜，更是食之無味，所幸一切平安，這才是最好的安慰。大兒子倒是神情自若，好像沒有什麼特別的事情發生，這更要讓我好好了解他的想法才是。

「兒子啊，你今天怎麼沒有坐公車回家呢？」我一邊喝著老婆重新加熱過的湯，一邊詢問著。

於是大兒子把事情的緣由，好好地交代清楚。

「今天去上課之前，我急急忙忙看到公車就跳上去，結果上錯車，不過我很快就發現了，趕緊下車，換搭正確的那班車。後來英文班下課的時候，我身上車錢就不夠了，可是想說我認得回家的路，就走回家囉。」

我聽完他一番話，真不知道該稱讚他勇氣可嘉，還是要說他腦筋轉不過來。雖然他對回家的路能記得清楚，算是難能可貴，沒有對距離的判斷能力，又實實在在像個小孩。或許他想要展現獨立，不願意麻煩任何人，才決定自己走路回家，可是沒有用腦袋的結果，讓大家真是急壞了。

◎訓練孩子勇於嘗試新事物，而不畏懼犯錯。

「兒子啊，零錢不夠可以跟同學或是英文班的老師借嘛！不然跟英文班借電話，打電話回家，甚至是拿零錢打公共電話也行，聯絡我們去接你就好了，解決問題的方法有很多種啊！」

大兒子有點倔強，不服氣的說：「可是我明明就認得路，也走了超過一半的路，就快要回到家了。」

「話不是這麼說，你會晚回家都沒有說一聲，讓爸爸、媽媽擔心了老半天，這樣子怎麼會是最好的方法呢？」

孩子知道自己把事情處理得不好，也就悶不吭聲。我也不想再訓話，事情既然已經發生，講清楚下次如何避免比較重要。

「下次出門，多帶一點零錢，不要只帶剛好來回的車錢，這樣也是一個方法。當然跟同學、老師借錢也可以，打電話回家求救也可以。以後要多想想，不要太快做決定，更不要讓家人擔心，知道嗎？」

「知道。」

在這個走路回家事件之後，大兒子的行為模式的確進步了很多，他不再只是用最單純的直線思考去解決事物。做事情之前，他會先預想可能遇到的問題，進而未雨綢繆；問題發生的當下，他會思索可行的辦法，挑選最恰當的去做；處理完畢後，他會再檢視成果如何，也許還有更好的方式，可以作為下次的參考。當然，出狀況難免，只是這樣子減少了他許多犯錯的機會，感覺他因此成熟得很快。

除此之外，他也體會到，讓家人放心是最重要的一個課題，所以即便他成年之後，無論要去哪裡做些什麼事情，都仍然會跟我們先說明一聲，讓父母親可以不用瞎猜、瞎擔心。至今，他已經出外工作，比較沒空回家，但是每隔幾天就會打電話回家閒聊近況，要出差之前，更會跟我們交代出差的地點和時間，避免我們找不到他，這一點，更是彌足珍貴。

校長爸爸的叮嚀

在孩子的成長過程中，這種偶發事件，每個人或多或少都會遇到，不見得很令人擔心，卻極有可能很令人生氣，氣孩子的「笨」，氣孩子的不會處理事情。但是，孩子面對問題的能力，並不是用口頭教導就能傳授給他的。講過十遍、二十遍的方法跟道理，恐怕一句也不見得記得住，然而，若在孩子身上真實遭遇一次事件，或者是他看著身邊的人發生的問題，**自己經歷過的經驗，或是近距離的觀察，才能夠帶給他最珍貴的教訓，讓他真正的成長。**不經一事，不長一智。老祖先的教訓是有其道理的。

不要過度保護孩子，那只會讓他失去了獨立自主的能力，在他學習自食其力的過程之中，一定會犯錯，也一定會受挫，但是不要心疼，千萬不要為了愛孩子，就把孩子罩在自己的保護傘之下，不放心也不肯放手。真正愛孩子的父母要一點一點的，拿捏著分寸慢慢的放手，就好像放風箏一樣，隨著風的力量調整手中的線，這樣有一天孩子才能夠在天空自在飛翔。

教導孩子不只是方法和技巧，愉快的氣氛讓孩子學習的不害怕、不拒絕、不會累，所以學習的效果當然特別好。

孩子們對於洗澡這件事情，總覺得十分麻煩，不大喜歡，對於要將水沖在頭上清洗頭髮的障礙更是大，尤其是小兒子，怕水怕得很嚴重，每次老婆幫他洗頭髮，浴室裡就好像打仗一樣，至少要吵吵鬧鬧持續半小時以上，洗完澡出來，老婆的喉嚨已經因為教訓孩子，變得聲嘶力竭，小兒子則是一副虎口逃生，驚魂未定的神情，看他們精疲力盡的模樣，實在是萬分辛苦。

長時間這樣下來，一方面覺得這樣子實在太累，光是每天催趕孩子去洗澡，就要折騰個老半天，另一方面，我們都認為如此下去絕對不行，一定要想點辦法讓孩子喜歡洗澡，更要讓孩子克服對於水的恐懼感。

於是，我準備了一支塑膠小水槍、幾個橡皮玩具、兩副蛙鏡跟一罐巴斯克林，有計畫的安排著一切。找了比較空閒的一天，放好一浴缸的熱水，特意由我陪著孩子們一起洗澡，剛開始當然兩個兒子都老大不願意，半強迫的才進了浴室，不過隨著我的腳本演出，事情就慢慢有了變化。

「來，我們先洗頭，這樣子從頭往下沖比較方便。」

「不要！不要！不要！不要！」小兒子很快就躲到角落去。

「哥哥你過來，先戴上蛙鏡。」大兒子本來就沒有那麼怕水，因此沒抗拒。

我舀起一盆水從大兒子的頭上淋下，有了蛙鏡的保護，好像就不是什麼問題，接著幫他加上洗髮精開始洗頭髮，他似乎覺得大家一起洗澡挺有趣的。

「弟弟你看，戴蛙鏡之後，水跟泡泡就不會跑到眼睛裡，一點都不可怕了。

對不對啊？哥哥。」我開始對小兒子心戰喊話。

「對啊，而且戴蛙鏡好像戴墨鏡一樣，很酷耶！」大兒子一邊附和我。

「可是嘴巴跟鼻子怎麼辦？我會不能呼吸會死掉！」小兒子仍舊嘗試抵抗，不過看得出來立場已經有點動搖。

「這樣好不好，你用手把嘴巴跟鼻子摀住，再把頭往前低，然後爸爸一次舀少一點水，就不會讓水噴到臉了。」

終於，小兒子在我循循善誘跟哥哥的親身經歷之下，願意妥協戴上蛙鏡洗頭，剛開始，他緊張兮兮地，身體緊繃地不得了，慢慢地適應之後，也開始跟我們嘻嘻哈哈，有說有笑。

克服了最困難的洗頭這一關，接下來就順利的多了。我們父子三人互相幫忙刷背，兒子把這當成一種遊戲一樣，在別人的背上抹出一堆泡沫，好像特別有趣，到後來，兩兄弟甚至開始爭著要刷我的背，最後，終於兩個人妥協願意輪流幫我刷背。

趁著氣氛很愉悅，我拿出祕密武器的塑膠小水槍，對著兩個孩子射擊，剛開始當然是驚叫不斷，過了一會兒，大兒子已經不大怕水槍，反倒是拿起水瓢舀水反擊，小兒子雖然還是不能直接面對水槍的射擊，至少他現在不會怕得非要用手摀住口鼻。不知不覺之間，在打水仗的歡樂裡，兩兄弟已經克服了大部分對於水的恐懼感，我的計畫也就成功了泰半。

盥洗好之後，在浴缸裡倒入一些巴斯克林，稍微攪拌一下，整缸的水都變成淡淡的橘色，還有一股香味隨著熱氣冉冉而上，對孩子來說，好像是變魔術一般，十分吸引他們。於是，父子三人一起擠進浴缸裡泡澡，拿著一些橡皮玩具，還有兩條毛巾跟水瓢，玩起了浮力的遊戲。

「來，你們看爸爸表演。」我用毛巾包覆住空氣再放到缸子的底部，輕輕擠壓，無數的小氣泡就從毛巾的隙縫竄出，孩子們覺得十分驚奇，躍躍欲試。

然後，我又把水瓢倒扣住空氣壓在缸底，只要手一放開，水瓢就迅速往上衝刺，直到浮出水面。反覆做了好幾次，水花越噴越誇張，甚至常常噴得我們三人滿臉的水，我原本還擔心小兒子會因為水花而哭鬧起來，結果他不但沒有什麼特別反應，倒是很焦急的在旁邊吵著：「換我了！換我了！我也要玩！」

「你們洗澡要洗多久啊？趕快弄一弄出來吧！」老婆在浴室的門外大喊，這時我們父子三人一看才發現，手指的皮膚都已經因為長時間泡水而白白皺皺的，果然是玩得太久了。於是我催促著孩子們趕緊沖一沖清水，把身體擦乾，換好衣

◎珍惜和孩子相處的每分每秒

服。老婆一邊幫大兒子吹頭髮，我一邊幫小兒子擦頭髮，這時候，小兒子很期待地問著：「爸爸，我們下次再一起洗澡吧！」

「好啊，只要你們很乖，不要每次洗澡都在那邊拖拖拉拉，洗澡的時候又吵又鬧，那我就答應你。」

在此之後，我們父子三人又一起洗了好幾次澡，當然，我也找了許多機會，訓練兩個孩子可以直接用蓮蓬頭淋浴，而不再怕水。

原本洗澡是一件孩子討厭的事情，因為加入了一些趣味元素，中和了討厭的感覺，陪著孩子玩，邊玩邊潛移默化，不知不覺中，洗澡的麻煩，孩子們對於水的恐懼與排斥，都減少了許多。

校長爸爸的叮嚀

父母對著孩子大呼小叫，孩子被逼迫著去做不喜歡的事情，因為感覺不愉快，所以永遠都不可能自動自發，永遠都要父母親發脾氣了，才會不情願地移動腳步，做家長的越生氣，當孩子的只會越被動。有時候父母親用獎勵去利誘孩子，希望他變得比較積極，也許可以改善一些不良習慣，可是孩子也有自己的權衡，如果獎勵的誘惑並不能夠超過討厭事物的感覺，那麼即使設下獎勵，恐怕也是徒勞無功。

對孩子的教育，一定要軟硬兼施，並且隨時變化，不是靠著單純的金錢、禮物獎勵，或者是一味的嚴厲苛責，就可以改變行為，有時候，用著趣味的方式，也能夠達到很好的效果，更重要的是，如果父母親願意帶頭做，有人帶領的情況之下，孩子才會更有執行的動力。

循序漸進的引導，讓孩子克服他討厭的問題，孩子的成長過程不僅需要父母親的指導，更需要的是父母的陪伴。所以如果要說獎賞，那親子之間的快樂是最有效的獎品，不只是獎勵了孩子，同時也是作父母最享受的家庭生活滋味。

親子守則 5
學習輸、面對輸、
接受輸，是為將來
累積能量

在孩子小時候就要讓他知道人生有輸有贏，要學習贏也要學習輸，輸是培養挫折容忍力，也在學習反省和檢討，這才是成功的本錢。

夏日傍晚，太陽總會多給我們一些白晝，氣溫不再那麼炎熱，卻仍有充足的光線可以活動。這段時間是最好的休閒時光，以往我與同事及好友，總會約了在學校的球場打網球，彼此較量球技，也好好同樂一番。各自的妻小，也會趁著這個時間，在一旁運動或是聊天散步，尤其兒子們，有一群同伴可以玩樂，就算只是簡單的追逐、踢球，也變得樂趣十足，小女兒更是喜歡這樣的活動，跟朋友的女兒一同玩扮家家酒的時候，有幾個大姐姐帶著她，她總是開心的笑容滿面。

網球的同好不少，可是球場的數量有限，因此，贏的人就能在場上繼續比賽，輸的人就下場休息，我的球技還算不錯，大致上來說贏多輸少，許多時間都在場上奔馳，孩子們也喜歡看我比賽，偶爾就在場邊加油，那讓我更加帶勁，體力彷彿源源不絕一般。

不過比賽總有輸的時候，無論是技不如人、體力不支或是失誤過多，只要有些許的差錯，就會丟掉整場比賽。下場休息也是挺開心的事情，教兒子們踢球的要訣、逗弄還在唸幼稚園的小女兒、與場下的朋友們聊天閒談，說些生活瑣事、開開玩笑，肌肉的痠痛與身體的疲憊，彷彿都在九霄雲外。

某日，如同以往在球場上馳騁著，輸掉了比賽，就到一旁帶著孩子練習投籃的技巧，也因為大兒子體育課要考三步上籃，我正巧替他講解方法，讓流暢而協調的動作，可以幫助他提升上籃的準確性。一邊講解一邊實際操作給他看，等他真的理解之後，我再看著他自己練習，在空檔之中，大兒子突然對我發問。

「爸爸，你網球那麼厲害，我看你很少輸給那些叔叔，那你輸球的時候，應該會很不開心吧？」

「你怎麼會這樣想呢？」

大兒子答道：「因為每次我在學校輸了任何比賽，都會很難過啊。尤其是輸給那些本來我認為可以贏過的人，我會覺得更不服氣。」

我摸摸孩子的頭，覺得他真是很老實又很可愛。

「嗯，要分很多部分來說囉。像爸爸來這邊打網球，不是單純比賽的輸贏，比較注重在跟朋友交流感情，所以勝負對我來說，不是那麼重要。」

「而且，如果我一直贏，都不用下場休息，把媽媽跟你們都丟在一邊，這樣子我也不會開心。有時候下場跟你們聊聊天、玩一玩，或者把握這個機會跟其他沒有上場比賽的朋友講話，也是很快樂的。」

「喔。」小兒子在一旁自己下了結論：「所以爸爸你是故意輸球，才可以下場陪我們嗎？」

聽到這一番話，我不禁笑了起來。

「哪有什麼故意輸球，上場比賽就是要認真，才對得起自己，也表示對對手的尊重。本來不管是任何比賽、競賽、考試，實力好的人，只是機會比較大，而不是絕對會勝利，各種因素其實都會影響結果，體力、心情、天氣，什麼都有可能的。」

「可是爸爸，明明比別人厲害，卻還是輸了，這樣很難過耶。」

「那也沒有辦法啊！人生中，就算你是天才，也不會有一輩子都絕對勝利的，更何況我們只是普通人。要學著接受失敗，因為這是常有的事情。」

◎和孩子一起從遊戲和運動中學習

「一直失敗，不停接受失敗的人，那不就是一個失敗者嗎？」大兒子對我的話似乎困惑起來。

「那只是前半段啊！大家不是都常說：『失敗為成功之母』。表示在接受失敗之後，還要仔細想想失敗的原因，思考怎樣才能改善，才能進步，才能在下一次增加勝利的機會。像爸爸每次輸了網球賽，都會想一想，剛才的比賽哪裡打得不好，哪裡失誤了，對手有哪些地方表現得比我好，就算在場下休息，也會觀摩其他人的比賽，看看有哪些可以參考的地方，才能學習改進。」

「你們老爸對於觀摩比賽可熱愛啦，每次網球世界四大公開賽在比賽的期間，不睡覺、不吃飯都無所謂，只要有比賽看就好了。」老婆從一旁走過來加入話題，竟然還順便虧了我一下。

「我知道！爸爸是臺灣的山普拉斯！」小兒子這話一出，我們都很開心的笑了。

隨即又輪到我上場比賽，老婆就接手陪著大兒子練習三步上籃。天色漸漸變暗，朋友的家人也都開始收拾，準備回家，比賽來到最後的賽末點，在光線不足的情況之下，似乎隨時都會分出勝負，卻又一次次精采的來回，十足扣人心弦，讓在旁觀戰的家人們，跟著加油吶喊起來。終於，在對手的一個失誤之下，結束了今天的傍晚休閒時間，球友們互相道別，各自返回溫暖的家。

兒子在此之後，很少再為了輸贏的事太過沮喪，因為我讓他瞭解到，人生的競賽太多，面臨失敗的機會難以數計，更何況輸的感覺也往往比贏要強烈，他已經體會，失敗之後，隨即為下一次成功累積能量，才是更重要的。

校長爸爸的叮嚀

從小到大要面臨的月考、段考，彷彿只有前三名才是勝利者，班上剩下的其他人，幾乎都感受到輸的氣息，我們絕不會認為考了第四十九名的孩子贏過了第五十名的同學，而是認為孩子輸給了前面四十八個小朋友。有些父母親會拿自身的經驗，去要求孩子也得做到。法律可沒有明文規定，媽媽小時候考第一名，孩子就得在任何考試名列前茅；爸爸從前是運動健將，孩子就得要在體育競賽中奪得錦標。**孩子並不是父母的複製品，過多莫須有的標準和期望，只是讓孩子平白無故增加挫折感。**

常勝軍也有輸的時候，勝敗乃兵家常事，贏的滋味不需要學習享受，輸的場面卻需要練習接受。我們絕非不在乎輸贏，只是在失敗的背後，要能夠勇敢承擔，吸取經驗，調整自己的情緒，下次遇到同樣挑戰時，積蓄好足夠的準備。別對孩子要求太多之外，也別對孩子保護太多，成長的過程中，累積適當的失敗與挫折，讓孩子有機會去「學著輸、學習輸」，才會培養他將來面對人生各種關卡的能力。

教導孩子要有同情心，孩子不容易體會，甚至會產生優越感。不如要孩子將心比心，這樣的同理心是實際的。

以往要去中壢市區辦事情的時候，總是習慣把車停在火車站後站一帶，再步行去前站，雖然好像繞了點遠路，卻可以省了許多找停車位的時間。在中壢市區，連結火車站前後站的人行通道，就只有在一旁的地下道。整個中壢市區而言，能夠遮風避雨的公共區域，而且不會被警察驅趕的地方，或許就只有這個地下道。因此，縱使來往的人潮不斷，卻依舊有著三三兩兩的遊民在這裡棲身。

那時大兒子年紀還小，地下道的燈光又昏暗，所以每次要走過這裡的時候，他對於這些遊民總是刻意保持距離，心裡面或多或少有些恐懼，只要經過地下道，他便會不由自主牢牢地牽住我的手，彷彿這條地下道像是河水湍急的溪流，深怕一個不小心，就會被水流沖得老遠。

有一天下午，我們父子倆辦完事情，準備走回火車站後站開車回家，照例要經過地下道，兒子也就自然而然窩在我身邊。隨著腳步漸漸接近地下道的入口，陣陣爽朗的叫賣聲也緩緩傳來：

「口香糖！一條十元！先生小姐，要不要買一條口香糖？」

一位中年男子坐在輪椅上，兩條腿從膝蓋以下，就只有空蕩蕩的褲管隨著風擺動。

「先生，買條口香糖吧！一條十元！」

他一臉自在的笑容，拿著口香糖對我揮舞，十分熱情誠懇，我被這一幕深深感動著，立即把手伸進口袋裡摸出零錢，剛好我有兩個十元硬幣，就向他買了兩條口香糖。

「先生，謝謝你！祝你有個愉快的一天！」

即便我跟兒子的身影已經沒入在陰暗的地下道入口，那位先生依舊不忘朝我們這方向呼喊。然而地下道裡的景像依舊，一些看起來年紀不很大的遊民，躺在紙箱、報紙上，用外套蒙著頭睡覺，在身邊還有塑膠盒或是空鐵罐，裡頭零散地躺著幾個別人施捨的零錢，每個人都沒有身體上的殘缺，有的人看起來還比剛剛賣口香糖的男子年輕許多。

走出了黑暗的通道，終於又重見天日，兒子這時候才放心地吐了好大一口氣，吁吁地喘著。我們散步在取車的路上，兒子問了我一個他心裡疑惑的問題：

「爸爸，為什麼你要跟那個叔叔買口香糖啊？在雜貨店或者是去便利店買，一模一樣的口香糖才七塊錢耶！你這樣買好不划算喔！想吃口香糖，我們可以去旁邊的便利店買啊！」孩子畢竟很單純，說出他最直覺的想法，令人覺得十分可愛。

「兒子，我沒有想吃口香糖，我是想幫助那位先生。有時候我們花錢，不是只為了那個東西的價值。沒錯，我們去便利店買口香糖可以省一些錢，可是那些錢對我們來說並不是多大的節省。反而，跟剛剛那位先生買口香糖，雖然多花一點錢，可是對他卻有生活上的幫助，何樂不為呢？」

「喔，我懂了。」兒子似乎對於能夠幫助別人感到十分滿意，嘴上還露出得意的微笑。不過走了一小段路之後，他自己又下了結論對我發表。

「那，爸爸，我們沒有幫助地下道另外的那些人，只有幫助那個坐輪椅的叔叔，是因為給

◎和孩子一起走出戶外，從生活中學習

他錢可以換到口香糖，給地下道的人什麼都換不到對不對？換到口香糖比較划算啊！」

兒子對於金錢的衡量這麼精明，令我很驚訝，可是在價值觀上產生了誤解，一定要藉著這個機會好好的導正。

「不對喔，你看，我們常常走過地下道，你應該也觀察過那些人好幾次了，你有沒有發現大部分的人，看起來都還蠻健康的嗎？」

「嗯。」兒子點了點頭。

「相較之下，今天遇到的那個叔叔，雖然失去雙腳，他還是靠著自己，認真的在叫賣，他並不因為身體上的缺陷自暴自棄，反倒是用比別人看起來還樂觀的笑容，想要自力更生，我很佩服他的這種態度，才會跟他買口香糖。」

「我知道！其他人就像在等兔子撞樹昏倒的那個農夫一樣！」

「是啊，與其幫助那些『守株待兔』、『不勞而獲』的人，這樣相較之下，如果像這位叔叔一樣認真工作，又很努力叫賣，更值得我們去幫助他。」

就這樣經過一路的閒談，我們父子倆打開了一包口香糖，一同咀嚼著，仍舊牽著的手，把彼此的價值觀也拉近了一點。

◎親子共同留下美好的體驗與回憶

校長爸爸的叮嚀

「惻隱之心，人皆有之。」然而有時候隨意的同情別人，很容易變成一種自以為優越的感覺，藉由施捨達到自我滿足的狀況；也很有可能變成濫好人，只是一味付出，並沒有思考背後的意義。所以，發揮同理心比單純的同情心來得更恰當，經過思考之後的幫助，並不代表自己要得利，只是比愚昧的偽善會來得更加真誠許多。

現在多數的孩子都很幸運，在長大成年出社會之前，幾乎不用去思考生存的方式，也不必去面對生活的現實，對於生命的態度，瞭解地自然非常有限。金錢來源父母供應的理所當然，孩子就很難體會認真工作的態度價值在哪裡。社會上有很多弱勢的人，雖然過得比別人辛苦，卻用著最積極的態度在面對人生，賣口香糖、賣玉蘭花，縱使從事的活動不同，目的都是竭盡所能去自食其力。並不是只有光鮮亮麗的成功企業家，才值得我們學習，也不是只有偉人的傳記故事，才值得我們崇拜，社會裡的小人物，平凡的生存故事，或許蘊含著更值得尊敬看齊的態度。

藉由小小的一包口香糖，傳達出的訊息卻是如此廣泛。孩子無時無刻都在觀察，觀察著世界，觀察著父母，我們的一舉一動，都會對他造成影響。教育不是非要親子面對面坐下，嚴肅地對談、指導，一段十分鐘的路程，一條十塊錢的口香糖，孩子的價值觀就在這裡被建立起來。教育是生活中俯拾即是的小事所凝聚而成的，把握每個機會，父母要注重自己的言行，孩子未來的模樣，就仰賴著這些瑣事給予他潛移默化的塑造。

教孩子要掌握時機，糾正孩子的行為，在事情發生的當下，最為即時也最為深刻，會遠勝過平日沒事就訓勉的長篇大道理。

學校裡的同事結婚，邀請我們一家人去喝喜酒。參加婚宴對孩子來說是十分有趣的事情，在小孩的眼中，喜宴中的新郎、新娘，就像是電視上的明星一樣耀眼，而婚宴上各種不同的活動，唱歌、跳舞等等，對孩子來說都很新鮮，更不用說一道又一道的美味佳餚，令人食指大動，還有那些可以自由取用的喜糖，對小朋友來說，也是一種無法抗拒的吸引力。所以這場同事的喜酒，兒子可以說是期待萬分。

入席之後等待婚禮儀式的開始，來賓致詞祝賀的部分，總是比較無趣無味，有些不識相的來賓，還準備一大堆冗長的臺詞，說個不停，反倒是讓婚宴節奏有些沉悶。遲遲等不到上菜，兒子又餓又無聊，在座位上有些不安，不過他還算是表現的不錯，只是一臉無奈，其他小朋友，有的已經開始鼓譟，父母親只好帶著先到餐廳外頭安撫，有的已經在座位上哭鬧起來，讓臺上致詞的政治人物有些不好意思，趕緊匆匆收尾。

終於開始上菜，兒子不大挑食，我們拿什麼給他，他就乖乖照單全收，也不吵著要挾菜或者是要喝飲料，只是很乖的在吃著。我與同事們閒聊著，話題從學校到婚禮的這對新人，從瑣碎的家庭生活到憂國憂民的國家大事，兒子在一旁，聽不懂也插不上嘴，只能安靜地埋頭吃飯。不過上到第三、四道菜，婚宴會場上，已經看到一些小朋友忍不住離開座位，東跑西跑，兒子兩顆烏溜溜的黑眼睛盯著那些玩樂的小朋友們，眼神裡有很多期待，卻沒有說什麼。

菜差不多上了一半，大家動筷子的速度慢慢減緩，喜宴總是這樣，菜量很大，胃裡大部分的空間，吃沒多久就差不多塞飽了。新人正在逐桌敬酒，椅子上已經看不到任何小朋友的蹤影，倒是滿場飛奔追逐的，都是那些小鬼頭，在各桌之間捉迷藏、打打鬧鬧，有幾個還跑到了舞臺上蹦蹦跳跳，就是不走樓梯，刻意爬上去又跳下來。嘻笑聲、哭鬧聲、吵架聲，原本就已經很嘈雜的喜酒，加上這些噪音之後更讓人覺得頭昏腦脹。

在這樣混亂的環境之中，兒子忍耐了很久，終於開口：「爸爸，我想去旁邊玩。」

「不行。」我正和同事聊在興頭上，沒有時間分神處理兒子。

「為什麼不行？我已經吃飽了。」

我轉過身來，低聲的告訴兒子：「這裡是餐廳，不是遊樂場，你在這邊亂跑會很危險，而且我們今天本來就是來喝喜酒，不是來玩的。」

兒子沒有再回嘴，我以為他已經理解我說的話，於是就繼續我跟同事的話題，想不到才五分鐘，他又發起再一次的要求：

「對面那個弟弟早就跑去旁邊玩很久了，我也想去。」

他指著一旁正在玩耍的小孩，那是隔壁桌朋友的兒子，才吃過冷盤，就已經滿場跑來跑去。兒子大概認為自己找到強而有力的論點，十分得意地準備要離開座位，我對他使了一個眼色，很認真的跟他說：

「那是別人的小孩，不是我們家的小孩，我們家有我們家的規矩。我現在給你兩個選擇，要嘛乖乖坐著參加完這場喜酒，如果你堅持要去玩，我們就回家，因為這裡不是遊樂場。」

◎婚禮的祝福，讓孩子一同見證喜悅！

但是，兒子畢竟年紀還小，雖然沒有立刻離開座位，還是趁著大人不注意的時候，偷偷溜去跟其他小朋友一起玩。在我發現之後，二話不說把兒子帶回位置上，開始跟同事們說抱歉，因為不得不離開，老婆對於這樣的場面覺得有點尷尬，畢竟喝喜酒中途離席，總是有點不好意思。

開車回家的路上，兒子有點傻住，他大概以為我不會說到做到。

「怎麼啦？一路上這麼安靜，是不是吃飯吃太快，把舌頭也吞到肚子裡啦？」

兒子緩緩地回答我：「我以為喝喜酒很重要，我們不會吃到一半就走。」

「喝喜酒非常重要啊！我們是要來好好祝福新郎跟新娘的，可是我有告訴過你，你可以選擇要怎麼做，因為你都決定了不要乖乖坐好，我們當然只能回家。」

兒子不知道要怎麼應對，我透過後視鏡看過去，他也不敢直視我的雙眼。經過這一次的經驗，他因此學到了一個大教訓，從此之後，只要跟著我們去喝喜酒，他會準備撲克牌或者是一本書，坐在位置上如果無聊了，就拿這些東西出來打發時間，從沒有一次到處亂跑。

◎婚禮上的小任務，可以訓練孩子的開放度。

校長爸爸的叮嚀

每次去參加喜宴，絕對都會看到一堆小朋友在會場裡到處玩，這實在是非常危險的一件事情。喜宴的服務生總是非常忙碌，為了上菜、收盤子、拿飲料等等事務，必須不斷地走來走去，小孩子在這種地方玩遊戲，很容易撞到服務生，尤其每一場喜宴的桌餐，肯定都會有熱湯，如果整鍋熱湯打翻在人身上，後果絕對是不堪設想。即使不在服務生上菜的路線上玩耍，餐廳本來就不是為了作為孩子的遊樂場設計的，可能會有一些尖銳的裝潢、桌角、架子，地面也可能比較光滑，一旦在上頭跑來跑去，跌倒的機會很大。不讓孩子去玩並不是對他要求嚴格，而是**要在適當的場所做適當的事情，這不僅僅是一種禮貌，也是為了孩子的安全著想**。

很多時候，父母親容易妥協，喝喜酒、聚餐的場合，與朋友聊天應酬，正忙得不可開交，孩子若在這個時候來吵鬧，總是特別煩人。如果讓他去一邊玩，可以把孩子打發走，許多父母都會選擇這麼做，只為了「顧全大局」，所以折衷妥協。可是孩子一切都看在眼裡，或許是人類的天性，對於鑽漏洞這種事情，總是學習地特別快，當父母在某些時刻會放任他，他就會每次都在這種時候來要求父母，輕鬆換取免責權。

教育是有彈性空間的，可是當你跟孩子定下的規矩突然地「放假」，貪圖一時方便的結果，只會讓你的話不再有公信力。跟孩子訂規矩要把界線劃清楚，不要有模糊地帶，不要有執行的漏洞，飯局可以吃一半，聚會可以下次再來，教孩子不要因為應酬而打折扣，不要為了所謂的「顧全大局」而放棄原則。**一次當機立斷的機會教育，往往可以獲得莫大的成效。**

和孩子的距離遠近在於傾聽與否，多聽的父母瞭解孩子，所以親子關係融洽，多說的父母讓孩子沈默，總是不知孩子在想些甚麼。

現代家庭每天從早到晚，都過著忙碌、快節奏的生活步調。一起床就趕著出門，上班的、上學的，要在家一起吃個早餐並不是容易的事情。白天，在學校折騰、在公司賣命，終於到了傍晚，放學回家的，在趕著寫回家作業，下班回來的，要急著準備晚餐跟追垃圾車，好不容易一直到晚飯時間，全家人才有時間好好坐在一起，面對面說說話。

因此，晚餐時刻絕對是一般家庭最重要的交流時光，家人們彼此分享著今天的所見所聞，當然，話題一定離不開上班、上學時發生的事件，尤其是孩子，開口閉口，都在講著學校裡的一動一靜。我們家當然也不例外，經常你一言、我一語的，飯早就吃完了，卻遲遲沒人離開餐桌，因為桌邊的閒聊，有時比晚餐的佳餚更加美味豐富。

這天，唸國中的大兒子，正在大肆抱怨著學校老師。

「我們體育老師真的很機車耶！今天體育課，班上有些女生在帶著講義去操場複習，準備下一堂的數學小考，結果老師看到了就在那邊狂罵她們，說她們不運動，還說要記她們過，這實在是太誇張了吧！」

「記過是有點誇張，不過體育課本來也應該要運動一下比較好吧？」我隨口搭著話。

「老爸你說的沒錯，體育課我也覺得去運動很好，平常都沒什麼機會打球了，一個禮拜也沒幾堂體育課，坐在樹下看書真的對健康沒幫助。只是體育老師的邏輯很奇怪啊，他就可以把體育課借給別的老師去上課、考試，那同學在體育課看書有嚴重到要記過嗎？」兒子越說越激動，從他逐漸提高音調的口氣中，聽得出來那種忿忿不平。

「所以你有幫那些女生說話嗎？」老婆很好奇的問著。

「當然有啊，我跟老師說又不是什麼真的很嚴重的事情，沒有違反校規就要記過，實在太扯。結果老師竟然說這是不聽他的話，算是忤逆師長，可以記小過，更莫名其妙的是，老師說我幫她們出頭也要一併處罰，現在連說對的話都要被處罰喔？其他同學們也很奇怪，在那邊一句話也不說，好像不干他們的事就對了，到底是不是同學啊？」

我微微一笑，對於兒子仗義執言的行為，感到十分欣慰。不過這樣的一個事件，老師跟學生各有立場，各有不當的地方，實在很難分辨說誰對誰錯。我也很想知道兒子到底實際的想法跟做法是什麼，於是又接著往下問：

「那你覺得老師應該怎麼做比較好？」

「我覺得老師可以藉機訂清楚規則，之後體育課如果帶書、帶講義去看，就要處罰。也可以在這次就給同學一點警惕，像是罰跑個幾圈操場之類的，只是人家才初犯就要記過，有沒有這麼誇張啊？」兒子的情緒已經平復不少，卻還是帶有些許對老師的不諒解。

「既然老師都說要記你過，需要我去學校一趟嗎？」我徵詢著兒子的意見。

「不用啦老爸，我只是想說說這件鳥事而已，沒有要麻煩你解決。」

「那你自己要怎麼處理？」老婆在一旁追問著，多少還是帶著不放心。

「我會再去找體育老師講講看，當然會用比

◎利用用餐的時候，和孩子自然而然的聊聊近況。

較平靜的口氣啦，我也會跟導師討論一下狀況，有導師幫忙，我覺得體育老師也才不會那麼激動。」

看來這件事情大概就到此為止，我還是簡單替兒子總結一下。「你處理事情的時候要注意自己情緒，對老師有冒犯的地方，一定要好好道歉。如果事情沒有解決，需要爸媽去學校處理的時候，也不要隱瞞，直說就好。」

「我知道了。」

這件事情的後續發展我並沒有刻意追蹤，倒是兒子在某一天的晚餐又自己提了，大致上，沒有人真的被記過，不過兒子跟那些女生被罰了一次勞動服務，雖然這有違兒子的邏輯，他卻很瀟灑的說了一句：「繼續吵下去也沒結果，就當做給老師面子吧！」

家人在一起用餐閒聊，是很寶貴的時間。在談天之中，對各自的生活增加不少聽聞，能夠促進彼此的了解。很多時候，父母親總放不下自己身為長輩的身分，對於孩子所談的事物，都要陳述評論、講解做法、教導道理，聊天本來就應該輕鬆自在，變成說教的情境，絕對不會有人喜歡，如果一跟父母聊天就會被訓話，就變得非常嚴肅，次數多了，孩子肯定對於他生活學習發生的事情不願再說，那親子之間的隔閡也就會越來越深。

校長爸爸的叮嚀

跟孩子聊聊天，很多時候他們只是要有人能夠聽他們講話，可以宣洩內心的情緒與不滿，分享生活的愉悅與驚喜，他們不是在尋求幫助，也不是需要解答。有時候父母過度緊張，孩子回家隨口抱怨了一下老師或同學，做爸媽的就覺得不妥當，寫聯絡簿、打電話給老師、甚至隔天到學校興師問罪，如此，不僅剝奪了孩子成長獨立的空間，甚至可能產生反效果，讓孩子覺得爸媽為了點小事就跑到學校裡，實在很丟臉。

學校就像是社會的縮影，大家都清楚老師跟同學如同工作場上的長官跟同事，並不是可以任由我們隨心所欲的選擇。所以當孩子遇到一些情況的時候，只要沒有什麼大問題，都該學著去適應環境。孩子就是要藉由這樣的校園生活，去習慣在團體中的生存法則。所以，不要輕易介入孩子的生活，也不要擔心過度。如果父母親能扮演好一個傾聽者的角色，孩子遇到困難需要幫助的時候，他自然會尋求援助；如果父母親整天干涉他的生活，以自己的觀點去指導他的行為，就算遇到麻煩，他也不見得會找父母親當作商量的對象。

作父母親的就算再忙，也該撥些時間陪孩子聊聊天，讓他在家就有人能聽他說、陪他講，一說一聽之間，看似毫無意義的話題，不著邊際的內容，但是輕鬆的氣氛，自在的態度，經過長時間的累積，會把親子關係強化地很深刻。就像那涓涓流水雖然柔軟，經年累月下來，卻能在堅硬岩盤上切割出宏偉的河道。

孩子天生喜歡聽故事，尤其是對幼小的孩子，大人要講道理，不如講故事，道理在故事裡，孩子自然就接受了。

隨著天氣越來越涼，楓樹上的葉子悄悄染上紅褐色的顏料，大自然的秋天逐漸轉換成冬季，大街上的商家，也已經開始把店面偷偷換上紅色、綠色系的擺設，有的還會用上一些金色、銀色和白色，更增添了熱鬧華麗的感覺，街頭巷尾播放起各式聖誕歌曲，濃厚的佳節氣氛，很早就開始散佈起來。

那時女兒才在剛唸幼稚園，大概也是她開始對聖誕節有點概念的時候，以往她收到聖誕禮物，只知道是禮物，而無法了解跟聖誕節的相關性。或許是已經到了懂事的年紀，或許是在幼稚園跟同學、老師的交流讓她吸收很多資訊，她第一次主動對我們開口，想要聖誕節禮物。

「爸爸，我聖誕節禮物想要一個男的芭比娃娃。」她坐在後座向我們開口。

「嗯，聖誕節禮物應該不是找我吧。你知道是跟誰要嗎？」我一邊回答，一邊在心裡納悶什麼是男的芭比娃娃。

「我知道！聖誕老公公！可是我不知道他在哪裡，所以爸爸，你幫我跟他說。」女兒睜大眼睛，神情中傳達出祈求的訊息。

「嗯，我怕我會忘記耶，而且聖誕老公公很忙，我不一定遇得到他，這樣吧，你寫一封信給他，我幫你拿去寄，好不好？」

◎節慶和童話，是孩子童年生活的重要材料。

回到家之後，女兒就跟我要信紙，花了好一段時間，我才從家裡翻出一些已經有些陳舊的信紙，她立刻在客廳的茶几上，認真地寫起信來。畢竟她還在念幼稚園，注音符號也是才剛學，一邊寫著，她還一邊問我注音符號怎麼拼。終於經過了大概一個小時，女兒興高采烈拿著寫好的信來給我看。

「爸爸，你看這樣子可以嗎？」

我把信紙接手過來，一看真是啼笑皆非，一方面她才剛學會拿筆不久，寫得不是很整齊，另一方面拼音有很多錯誤，我認真讀了幾遍，還是不大瞭解其中的意義。

「爸爸，你幫我念一下嘛！」

「說真的，爸爸有點看不懂耶，這樣子聖誕老公公會不會也看不懂啊？還是你要什麼禮物，爸爸幫你寫信好了？」

「不要！我要自己寫！」女兒似乎有點生氣，把信紙搶過去就跑上樓去。

在不久之後我也跟著上樓準備休息，卻在房間裡看到女兒一邊唸著句子，老婆則是一邊幫她寫成信，老婆很貼心，她怕女兒看不懂信的內容，搞不清楚媽媽到底寫了什麼，所以，一字一句都還是用注音符號慢慢拼寫而成，母女倆高高興興地一邊討論著一邊寫著，洋溢著一股期待的氣氛。

等到女兒去睡覺了，我才把那寫給聖誕老公公的信拿出來看，看到了信中的內容，讓我覺得女兒對聖誕老公公也很貼心。

「親愛的聖誕老公公：今年我很乖，希望得到的聖誕禮物是一個男的芭比娃娃，如果沒有的話，女的芭比娃娃也可以，謝謝你。」

在信紙的最後，還有女兒用歪歪斜斜的字體寫下的名字，說真的，一個幼稚園學生要用國字寫名字，實在很不容易。然而，我對於信的內容有點困惑，於是問了問老婆。

「到底什麼是男的芭比娃娃啊？芭比娃娃不都是女生嗎？」

「唉呀，男的芭比娃娃就是肯尼啦！妹妹不知道他的名字，只是上次他去同學家看到的，覺得很新奇，因為第一次看過有男生造型的娃娃。」

「喔，原來是這樣啊。」

過了兩天，我們煞有其事地拿了一個信封，在上頭寫上聖誕老公公為收件人，帶著女兒去投入郵筒裡，其實，真正的那封信，已經被老婆收在抽屜裡妥善保存，投入郵筒的，不過是一個沒有郵票、沒有地址，只有收件人的空信封袋。即便如此，女兒認為自己完成了很重要的任務，終於把心意表達給聖誕老公公知道，可以期

待著聖誕禮物的到來。

在等待聖誕節的期間，我還是叮嚀著她：「你要知道，聖誕老公公會觀察小朋友乖不乖巧，才給她們禮物，可不是你要什麼禮物，寫信跟他要就能得到的。所以啊，你還是要好好當個乖孩子，知道嗎？」

「我知道！我到聖誕節之前都會很乖！明年也會很乖！以後都會很乖！聖誕老公公就會每年都給我禮物！」女兒很認真的說著。

聖誕節前夕，女兒從幼稚園拿回來了一隻自己製作的聖誕襪，非常精緻可愛，一直跟我們說，希望聖誕老公公把禮物放在襪子裡，我聽著她的童言童語，一邊苦惱著怎麼附近都買不到肯尼娃娃，一邊苦惱著到時候該怎麼把禮物塞到那只放得下手機的襪子裡。

十二月二十五號，女兒一醒來就急著摸索床頭的襪子，只從裡頭發現了幾顆巧克力，十分失望地跟我們說：「給聖誕老公公的信一定是寄丟了。」沒想到盥洗完畢，下樓準備吃早餐的時候，她看見聖誕樹底下的禮物，眼睛立刻為之一亮，拆開包裝紙之後，雖然只是另一個芭比娃娃，不是她首選的肯尼娃娃，她依舊非常的興奮：「太好了！我的芭比娃娃有伴了！太好了！聖誕老公公有收到我的信！」看到她這麼開心，我跟老婆心中也覺得真是太棒了。

校長爸爸的叮嚀

其實在教養孩子的過程中，無論是童話故事、神話傳說或者是鄉野傳奇，很多時候都會被拿來當做教育的輔助工具。因為很乖，所以能從聖誕老公公那裡得到禮物，相對於父母親給的禮物獎賞，其中的魅力和影響力似乎強得多。**尤其對於幼小的孩子而言，大人的教訓未必容易理解**，如果單純的講做人做事的道理，或許怎麼也說不通，**可是用一些故事內容來談論道理**，往往會讓說教**這件事變得更容易**，孩子也更可以瞭解父母親到底想說些什麼。

相信聖誕老公公，看起來太過不實際，然而讓孩子經歷這樣的過程，也是成長階段所必經的，懷抱著童心成長，有著童話故事裡天馬行空的幻想，才會讓孩子童年的色彩豐富鮮豔。總有一天，他們會發現自己的父母親就是聖誕老公公，但是當年那一份赤子之心，卻不會隨著事實的揭露而消滅，在長大之後，依舊能享受夢想、體會純真快樂的美好。

不要偷懶，每個孩子都不一樣，即使是兄弟姊妹，也要瞭解他們的不同，使用不同的策略、方法，所以，因材施教的起點就是用心。

差不多在大兒子剛唸小學的時候，我就想教他騎腳踏車，大兒子向來是比較順從的個性，我說要教他騎車，他便一口答應。其實他在我們巷子裡已經騎了很久的兒童腳踏車，倚靠著輔助輪，讓他對於騎車這件事情感到很自然很習慣，即便是車子早已失去了一邊的輔助輪，他仍然可以很有技巧地利用單一的輔助輪，維持重心而不摔倒。

我們把剩下的輔助輪卸下，腳踏車雖然看起來沒有太大差異，卻在大兒子心中已經變成完全不同的模樣，坐上腳踏車，他緊張地微微發抖，我緊緊握住他的手，先試著讓他感覺由我推車的感受。

「知道嗎？維持平衡大概就是這樣，其實你平常就做得很好了，也很少用到輔助輪，你自己不要太擔心。」

「好。」相當緊張的氣氛，他的聲音聽起來並不自然有些憋扭，於是我在腳踏車的後座綁上一根長棍，避免他失去平衡的時候車子直接倒地，真正的考驗就開始了。最初，我還扶著後座替他維持平衡，跟在腳踏車後面彎腰跑著，也令我滿頭大汗，漸漸地，他自己似乎能掌握到感覺了，我仍然跟在後頭跑，卻試著偷偷放手一小段路，腳踏車依舊穩定地前進。

「我要放手囉！」話剛說完的瞬間，我就讓大兒子自己在巷子裡前行，一切都那麼順利，直到巷子底段要轉彎的時候，車子失去平衡跌倒了。我趕緊衝過去，還好，那隻綁在後座的長棍發揮了保護的效果，大兒子沒什麼事情，他反倒是對我說了一句令人驚訝的話：

「爸爸，我覺得我學會了，你幫我把棍子綁緊一點，我自己練習就好，等下吃晚餐前我再回去。」他一邊說著，眼神裡一邊閃耀著一股自信。所以，我就把在一旁觀看很久的小兒子先帶回家。就這樣，大兒子自己練習了大概一個禮拜之後，已經可以順利的前進跟轉彎，他學會騎腳踏車的過程，十分迅速。

後來小兒子也到了唸小學的年紀，我想如法炮製教他騎腳踏車，他卻狠狠地拒絕了我：「我不要，我又沒有想要騎腳踏車，為什麼要我學？」話雖然此，我還是強迫他開始學騎車，小兒子生性膽小，車子只是稍微不穩一點，他就在那邊大呼小叫，教學的過程我又氣又累，他也備感折騰，經過一次勞累又衝突的教學之後，乾脆他不學我不教，我們兩個人都樂得輕鬆。

誰曉得等他到了中年級的時候，有一天，竟然主動跟我開口說：「爸爸，我想要學騎腳踏車，你可以教我嗎？」

聽到這一番話，我好奇的想知道是什麼原因讓他突然轉性了？他這才娓娓道來，因為他班上的同學在放學之後，都會約著騎腳踏車出去玩，雖然家裡有腳踏車，不會騎車的他，也只能乾瞪眼看著同學相約出去玩樂。既然這次是他主動想學騎車，我就得到了很多空間跟權力，立刻跟他約法三章：

「這是你自己主動要找我學騎車的喔，不要跟以前一樣吵吵鬧鬧的，一切我說了算，否則我就不教你了，聽到沒？」聽到威嚇言詞的他，並沒有被嚇退，反倒是很堅決地一口就答應了。

在巷子裡推著小兒子的腳踏車，他的運動細胞原本就比較差，龍頭抓不穩，車子搖搖晃

◎每個孩子都有最適合的對待方式

晃，雖然不至於跌倒，卻好幾次撞到牆壁。以往只要多講兩句，他就會不想聽、不想學，這次他真的是下定了決心，乖乖聽著我講解方法，眼睛要看著前面不要低頭、不要因為緊張而把龍頭抓得死死的、煞車要慢慢按到底。一整個下午的練習，他進步地很緩慢，但是總比抗拒學習要來得好多了。又經過了一、兩個禮拜，小兒子終於掌握了平衡，順利地學會騎車。

學會騎車的他，把這項能力運用地很徹底，放學後跟著同學到處追著速度迎著風，還有好幾次忘了時間，天色都已經昏暗了才回家，讓我們擔心了許久，也因此被處罰過。但是後來他升上了國中，騎車上學可是枯燥的學校生活裡一大調劑，只要是不下雨的天氣，他總會抱著愉快的心情踩著踏板出門。

綜合了前兩個孩子的學習經驗，對於小女兒要不要學騎腳踏車，我並不特別在意。不過有幾次出門旅遊，都有著騎自行車的行程，女兒總是只能被我或老婆載，看到朋友的小孩都可以自己租一輛車馳騁，女兒或多或少也想要感受那種自由愉快的感覺，於是，她就自己開口要求學騎單車。

有趣的是，女兒雖然運動細胞也不是很好，學起騎車來卻很快就能抓到平衡的重點，在鄉下新家的大院子裡，他不到一個小時，就已經能順利前進，在一個週末的學習之下，女兒輕鬆的騎著我們為她新買的粉紅色淑女車，繞著房子不停地兜圈了。

校長爸爸的叮嚀

同樣都是學習騎腳踏車，動機、過程、結果，在三個孩子身上，卻有三種不同的故事，**我們常說老師要因材施教，其實家長也是一樣。**孩子在同一個家庭長大，當然會有一些共同的價值觀、興趣、相似的專長，不過，大部分的個性、行為模式依舊各有各的不同，**想要用同樣的方式去把孩子硬是安在同樣的框架裡，對孩子是一種痛苦，對父母也是一種折磨。**

每個人都是獨立的個體，每個人都是特別的，**我們人的成長不能複製同樣的經歷與過程。對孩子的教育也是一樣，**新手父母必須花費很多時間、力氣，去學習該怎樣教育孩子，老手父母也並不輕鬆，雖然有著教育前一個孩子的經驗，可是因著孩子個性的不同必須去修正已經習慣的教育方式，也不見得是一件輕鬆容易的事情。

因材施教的基礎，在於平時就跟孩子建立暢通無阻的溝通管道，閒聊時可以像朋友一樣怡然自得，即便只是一起看看電視、吃個點心，相處的時間越多，越能累積對彼此的瞭解。有良好的溝通，孩子不怕說，父母願意聽，才能調整出適合的教育方法，培養出愉快的相處模式，教育孩子應該不疾不徐，總有一天，一家人能夠輕快的踩著踏板，乘著風，讓天倫之樂的笑聲，四處洋溢。

親子守則
11
知識能力的培養，往往隱含於日常生活中

生活就是教育，興趣、邏輯、知識、能力，許多的學習都是在生活當中，不要忽略了學校和課堂外的學習，那可能是影響孩子一輩子的重要關鍵。

因為結婚之後住得離老婆的娘家很近，所以孩子小時候在唸書之前，都是由我岳父岳母照顧，我們兩夫妻每天下班之後，都會去看看孩子，順便在那兒吃晚餐。即使孩子唸了國中，在假日，我們仍然會過去吃頓飯聊聊天，因此，孩子跟外公外婆都非常親密。

我的老丈人是一個生活非常簡單的人，退休後每天除了買菜、洗碗、洗衣服這一類的家務之外，偶爾就是出門跟朋友打打麻將，當然，幫忙帶孫子是很辛苦

的，大部分時間都得耗在孫子身上，不過，逗弄孫子之餘，有時也閒得無聊，這時他就會拿出一副撲克牌，開始玩起單人的排金字塔遊戲，這遊戲的規則非常簡單，相信許多人都玩過，只要兩張牌的總合是十三就可以解開，老K則是可以直接拿走，不過規則雖然簡單，要解開金字塔還是需要一些策略跟運氣的。

孩子每天都看到外公這樣玩撲克牌，慢慢地在心中形成對這個遊戲的概念。有一個假日的下午，小姨子、小舅子都回來，大家在丈人家裡聚會好不熱鬧，兒子抓著一副撲克牌，有模有樣地在一旁堆起金字塔來，我偷偷觀察著他到底要玩什麼，卻被嚇了一大跳。他堆的金字塔層數雖然不對，解金字塔的過程也不合規則，可是在將牌配對的過程，卻都遵循著相加要等於十三的邏輯，這真的讓我十分驚訝，孩子才三歲多，即使口頭數數不是問題，對數字的抽象概念完全不懂，怎麼能夠就這樣學會加法呢？

「爸爸問你喔，你怎麼知道撲克牌怎樣配對可以拿走啊？」

「爺爺每次要拿走都是這樣配，我跟他一樣啊。」兒子從小就把岳父、岳母稱做爺爺、奶奶，所以我們聽起來也很習以為常。

「那你知道那兩張兩張撲克牌，加起來是多少嗎？」

「不知道，可是我會配喔。」

聽到他這樣的回答，我決定開始試試看兒子說的是真是假，把整副撲克牌攤開讓他配對，果然都能夠正確挑中，這是很不錯的數學觀念，一般小孩在配對的時候，通常只會配對數字相同的牌，因為還沒有任何觀念，只能從外觀上去認識撲克牌，所以大概都只會玩抽鬼牌之類的遊戲，要建立不同牌面的關聯邏輯，真的確很不容易。

一旁的岳父、岳母看到了，也覺得兒子很聰明，便急著想要教他其他的撲克牌遊戲，但是話說回來，一個小朋友，哪有辦法這麼快就學會新的撲克牌遊戲的邏輯呢？這一天的教學，當然是沒有什麼進展。

不過從這一天之後，祖孫三人又多了一項可以一起從事的活動，只要岳父或者是岳母有空，就會陪著兒子玩撲克牌，偶爾甚至是三個人一起玩樂競賽，看到小孫子的進步，兩老越是樂不可支，兒子學到的東西當然就越來越多、越來越深入複雜。從簡單的排七接龍到撿紅點，甚至是十點半、二十一點，每隔一陣子他就會很高興地找我陪他玩他學會的新遊戲。

在一個照例的晚餐後，兒子又拉著我要玩牌，岳父、岳母聽見了，嘴角掩蓋不住的笑意，讓我十分好奇。

「你現在這麼厲害，那我們要玩什麼呢？二十一點？」二十一點算是兒子會的遊戲中，數學加法最難的，他卻特別喜歡，只因為看起來很像在玩電影裡才會有的賭博遊戲。

◎多些時間讓祖孫相處，可以培養感情。

「不是。」他搖搖頭。「我們來玩撿紅點。」他一說完，就自顧自地發牌。

對於他的回答我有點出乎意料，小孩子不是喜歡玩新遊戲嗎？撿紅點相加為十的配對方式，對他來說也不新鮮了，或許他只是想換換口味吧，我這樣猜測。

玩完之後，按照慣例是我幫他算分數，想不到，他竟然自己拿著牌開始算分數了，雖然他算得很慢，進位的時候還經常倒退，四十八加六會變成三十四，還要想一想才重新計算，不過他有了超過二十的數字概念，還能一路加上去，真的又是一大進步，原來岳父、岳母嘴角的微笑是因為這樣啊。

「爸爸，我輸了，唉唷，還是玩二十一點才會贏。」他花了好一段時間終於計分完畢，對於勝負多少還是挺計較的。

「沒關係，你會自己算分已經很厲害了，可是我可以教你一個更快的算分方式。」

「真的嗎！要怎麼算？」兒子眼睛為之一亮，又興奮了起來。

「剛剛撿紅點配成一對的不是剛好都是十分嗎？你要算分數的時候，也按照這個方式配對，那每一對都是十分，加起來就更快了，只要花時間在算那些湊不成對的就好。」

「哇！真的喔！那爸爸我們再來一盤！」

從此之後，兒子在成長的過程中，就少不了撲克牌。到後來的步步高升、十三張，甚至是後期的拱豬、橋牌，他不停的練習舊遊戲，也持續向我學習新遊戲，我只能慶幸自己還算可以，會玩的撲克牌遊戲不少，能教給兒子各式各樣的規則。

◎祖孫共度的遊戲時光，快樂又珍貴。

校長爸爸的叮嚀

有些家長求好心切，希望孩子小時候就能在數學上領先他人，於是買了很多數學練習本，有的甚至把年幼的孩子送去珠算班、心算班上課，可是年紀還小的孩子，對於正式的課程，其實尚未成熟到能好好地靜下心來學習，大多數都會排斥這樣的才藝。

一般人的觀念，總覺得撲克牌只是遊戲甚至是賭博的工具，但是在各種牌類遊戲之中，其實包含了許多數學與邏輯的概念。「抽鬼牌」學習基本的配對邏輯，「接龍」跟「心臟病」有著基本數列學習，「撿紅點」著重十進位的練習，「九九」針對百位數以內的加減法，「十點半」更是包含了小數的概念，「步步高昇」用機率的稀有性決定了牌組的大小，「十三張」刺激大腦思考各種組合的可能性。到了「拱豬」與「橋牌」，還要推測對手及隊友手上的牌組，隨著出牌的結果不停修正預測，所有的遊戲都要用腦筋思考。

知識能力的培養，往往隱含於各式各樣的日常生活中，才藝班或許有著較為專業和完整的訓練，富有娛樂性的學習卻是更好的入門途徑，從「爺爺的撲克牌」開始，兒子建立了基礎的數學概念，並且從撲克牌遊戲中，一路進步成長。數學不外乎邏輯與記憶，兒子透過遊戲的訓練，在往後的數理科目拿到了不錯的成績，然而更讓人欣慰的是，他總能透過一些例子將數學跟撲克牌連結，增加一點學習趣味。而**孩子能夠快樂地有效的學習，相信是所有做父母親最開心的事情。**

用鞭子還是胡蘿蔔讓驢子前進？鞭策的力量常常不如誘導，找到誘因，設計情境和氣氛，讓孩子產生興趣。因為喜愛而自發的學習，孩子會學到更多。

小兒子怕水的程度，實在誇張。洗澡的時候，水不能直接從頭往下淋之外，甚至不能把蓮蓬頭掛在牆壁的扣環上，他堅持要一手拿著蓮蓬頭來沖澡。有一次，他的舅舅、舅媽帶著他們兩兄弟去水上樂園玩，他不敢去滑水道是意料中事，想不到去最單調的漂漂池，只是經過一個會噴灑細小水柱的橋下，他就嚇得哇哇大哭。

雖然他很怕水，玩水卻又總是跑第一名。暑假的時候，我們經常回到我水滴洞的老家，在北海岸的碧綠海水中，小兒子套著一個游泳圈，就在海面上快速打水前進，看到他身後噴濺的白色水花，我們都笑稱他簡直就像是一艘橡皮艇。如果沒有回基隆，我就會帶著兩個兒子跟朋友的小孩去游泳池，大兒子跟其他的小朋友，對於學游泳很積極，不斷練習打水、換氣、漂浮，只有小兒子永遠都在泡水，等到哥哥跟其他人練習告一個段落，他才參與到大家一同嬉戲的活動。就算是這樣，小兒子只要聽到去游泳池或是去海邊，仍舊是第一個準備完畢所有配件，迫不及待穿好鞋在門口踱步等待。

某一年的暑假，我們安排了去澎湖的旅遊行程，澎湖真的是一個風光明媚的好地方，民風淳樸，景色宜人，尤其是海

◎和孩子一起克服恐懼，更能共享快樂。

邊的風景，讓人流連忘返。在這麼樣的一個好地方，浮潛是務必要參與的一個活動，清澈至極的蔚藍海水，海裡的能見度十分清晰，海底的水草隨著水流緩緩晃動，彷彿在對浮潛的人們招手表示歡迎，各式魚類自在地穿梭，這裡就是他們的天堂。我們戴著呼吸管和蛙鏡，穿著救生衣，在海上漂浮移動十分輕鬆寫意，透過蛙鏡欣賞著海底的奇幻景象，看得到卻觸碰不到的感覺，讓人分不大清楚這是真還是假。

小兒子因為不會游泳，就在比較淺的地方浮潛，即使只是潮間帶，依舊生態豐富。他偶爾用手撐著礁石沙灘移動，偶爾打水慢慢向前，在蛙鏡跟呼吸管的幫助之下，他也能自在地遊玩著。喜歡玩水喜歡海的他，這時候只在沿岸遊蕩，卻好像已經跟大海融為一體，成為另一隻快樂的魚兒，游著戲著。

或許是這樣子的緣故，讓他想要更進一步地在大海中自在遨遊，隔天，一樣有浮潛的行程，小兒子主動開了口：

「爸爸，我想要學游泳。」他望著我的眼神，帶著很深的期待。

「好啊，那我們就在岸邊水比較淺的地方，慢慢來吧！」

在海邊學游泳跟在游泳池裡學，完全是截然不同的事情，海水的浮力比較大，要浮起來是輕鬆的多，可是游泳池的深度穩定，水流也安定，在那裡頭比較有安全感，在海中，深淺不定之外，還有一些礁石，跟不會停止的波浪潮水，我或多或少，也擔心這樣的種種困難，會讓小兒子在學習的過程中，倍感挫折。還好，在浮潛的時候學游泳，配件可說是一應俱全，蛙鏡讓他能看清楚方位，呼吸管更是可以消彌還不會換氣的恐懼，再加上救生衣增加浮力，一切看來反倒是簡單不少。

◎適度的訓練，讓孩子愛上大自然。

「來，往這裡游過來看看！」我站在約莫十公尺外的地方，對他喊著。

他還算筆直地往我這裡游過來，其實看他從小套著游泳圈東征西討，我對他的水性不大擔心，只怕沒有輔助工具之後，他會驚慌失措。過一陣子之後，他很順利的抓到了我的腳踝。

「爸爸，我想要試著拿掉救生衣，我的手臂這邊磨的好痛。」

救生衣畢竟是粗糙的東西，浮潛本來也是不會有太多大動作的划水，兒子的手臂的確摩擦地有點紅腫，既然要學游泳，那就試著不要依靠漂浮的道具。我仍舊不忘叮嚀：

「等下你要游的時候，記住那個浮潛很放鬆的感覺，不要為了前進而緊張起來，只要放鬆，就會浮起來了，如果真的不行，那就先站起來，不用著急。」

「好。」小兒子點點頭，脫掉救生衣之後就自己慢慢走到約莫十來公尺外，準備再次往我這邊游過來。

剛開始的前幾次，他總是游不到三分之一的距離，就只好從水裡站起來，我不停對他加油打氣，希望能夠提振他的信心。一次又一次，他能游的距離的確漸漸進步，終於，在不倚賴救生衣的狀態之下，他順利地游到我腳邊。

「好棒啊！你在海邊學會游泳了！這樣子以後去哪裡都不用怕！」我嘉許著他，因為的確是這樣，在游泳池會游泳的人，不一定敢在海邊下水，在海裡學會游泳的人，游泳池對他來說就像是個大澡盆而已，毫無障礙。在幾個月後跟我們出遊的旅途中，小兒子又自行摸索而學會了換氣，就這樣，他的游泳姿勢跟技巧或許不是很標準，卻算是無師自通了。

校長爸爸的叮嚀

孩子有興趣或是喜愛的事情，很多時候，他會自己想辦法面對，學習去處理與克服困難，父母親不見得要插手太多，扮演一個協助的角色就好，因為事情會自然而然發展。就像我小兒子學游泳，從小在海邊長大的我，反倒是沒有想過一定要孩子會游泳，就算他怕水怕得誇張，我也不想去要求太多，每個人各有自己的興趣和嗜好，不必強迫。

人生中有很多轉捩點，有的讓人改變很大，有的則是開啟一扇不同的窗，給人不同的觀點去思考。我不敢說，是不是澎湖浮潛時，海底的美麗景色，促成了小兒子學游泳的想法，因為他可能也只是羨慕哥哥和其他人會游泳的自由，或者是怕將來長大了還不會游泳，而被同學取笑。但是他在澎湖學會了游泳，是個不爭的事實。

所以，就讓孩子接觸各式各樣的活動，體驗五花八門的經歷。有時候，培養出了興趣，會增強許多他學習的動力；有時候，給他了一些啟發，他可能會好好加強自己的強項；也可能，受到了些許挫折，讓他想要彌補自己的弱點；又或許，贏得了別人的肯定，激勵他持序精進的想法。我們不知道命運會帶來什麼，但是千萬不能把孩子關在單調的象牙塔裡，讓他成為只會讀書考試的機器。**豐富精彩的生活經驗，才會讓孩子有著彩色的人生，讓他們的未來充滿著無限的可能性。**

孩子喜歡遊戲，喜歡遊戲的快樂，父母親扮演節目主持人，自己設計內容，就可以引導著孩子在遊戲中學習，既快樂有趣又有效。

只要有空，我就會帶孩子們回瑞芳水湳洞的老家，不僅是回去看望老人家，帶著孩子，從停車的地方爬上長長的石階走回家去，大小形狀不一的階梯，是記憶裡最特殊的通道，那以前唸書的小學位在老家附近的制高點，校內的景觀可以眺望大海盡頭的地平線，教室旁的遊樂設施雖然有些老舊，一旁卻有長達十數公尺的溜滑梯，永遠讓孩子迫不及待想去溜。還有我以前戲水游泳的岩岸，鹹鹹的海風吹來，總是那麼舒爽，這行程充滿各式各樣樂趣，令孩子們對於回瑞芳這件事情，總是有很深的期待與盼望。孩子的阿公、阿媽，也會為了寶貝孫子回來，特地準備一些滷肉、滷蛋，甚至是去山腳下的雜貨店，買幾瓶汽水回家。

然而，無論是國定假日或是暑假，一到了假期，高速公路上車輛擁擠，從中壢到基隆，多半得花上兩個多小時，關在小小的四輪鐵盒子中，孩子很難乖乖的耐住性子，每次只有在行經松山機場一帶，看到停機坪上滿滿的飛機，才能稍微安撫他們的情緒，其他時間很容易就覺得無聊，兩個小鬼在後座弄來弄去，不是吵架就是打架，經常惹得我生氣。

有了幾次經驗後，我想到了一個方法來解決兩兄弟耐不住性子的問題，那就是創造一個行車時不會停止的競賽，只要車子在動，他們就不會無聊。所以，「車牌加法」這樣的一個遊戲，就誕生了。遊戲的規則其實非常簡單，把前一輛車的車牌號碼，全都拆成個位數相加，誰能最快算出正確的總合，誰就是勝利者。

聽完我的說明之後，兩個孩子摩拳擦掌，躍躍欲試，大兒子還開口說：「爸爸，我們既然要比賽，應該要有一個獎品比較好。」

「那就這樣吧！我們累計答對題數，成績最好的人，可以去山腳下的雜貨店買一罐可樂。」

比賽開始，我當公證人，兩個兒子伸長脖子想要看清楚前一輛車的車號，老大年紀大，當然加法比較好，速度快得多，不過呢，也不見得都會加對，弟弟加法速度慢，用正規的方式怎麼都輸，想不到他自己發展出一套，乾脆通通用數的不用加的，速度雖然不快，正確率卻很高，也贏了不少次。

「作弊！弟弟作弊！他用數的沒有用加的！」大兒子雖然分數領先，還是很緊張地告發他弟弟。

「不公平啦，哥哥年紀比我大，我用加法一定輸他啊。」小兒子有點委屈，說的卻也不無道理。

「那這樣好了，你們兩個一國，跟媽媽比賽，如果你們兩個贏了，那你們都可以去雜貨店買汽水。」身為公證人，我把老婆也加入了比賽，讓一家人能夠玩在一起。

兩個小鬼就這樣一路開開心心地比賽著，為了答題的速度多了一秒而歡呼，為了加法進位的錯誤而懊惱，車子裡鬧烘烘地充滿著愉悅的氣氛，不再有兄弟吵架拌嘴的煩人，冗長的車程似乎也變得短暫，比賽還意猶未盡，就已經接近了水湳洞的老家，這時路上沒有什麼車子，可以當作我們車牌加法比賽的素材。比賽的結果，當然是老婆大獲全勝，兩兄弟有點喪氣，卻也不是太過低潮，他們也知道，無論怎樣，等一下阿公還是會到山腳下的小店，買幾瓶汽水回去，只是沒有贏得獎勵的感覺，多少是有點失望。

◎親子一起搭車，可利用小遊戲度過車程喔！

在水湳洞度過兩天一夜，孩子們喜歡出門，喜歡新鮮有趣的事物，眺望山腳下的陰陽海，或者是在門前的盆栽玩含羞草，又或者是拔一些構樹的葉子黏在衣服上當裝飾，很容易就可以發現平常在家看不到的新玩意，兩兄弟隨時隨地都很情緒高昂地嘻笑著。

回家的路上，移動的車廂就像是舒適的搖籃，把因為疲憊的老婆跟小兒子搖入了夢鄉裡，只有大兒子依舊體力充沛，陪著我聊天。講了一陣子的話之後，他又對車牌加法這遊戲有了興趣，卻不是要比賽：

「爸爸，你陪我玩車牌加法好嗎？」

「嗯？你要跟我比賽啊？」

「不是啦，我又不可能會贏你，我想要練習，你幫我驗算看看對不對。」

我當然答應了大兒子的要求，在車陣中，他認真計算著車牌號碼相加的總數，雖然在練習之下，正確率提高不少，速度卻沒有太多提升。我終於忍不住開口，告訴他一些小技巧：

「有時候，會剛好有兩個兩個的數字，相加等於十，比如說一跟九、二跟八、三跟七、四跟六或者是兩個五，這種時候就不要照順序慢慢加起來，而是先把這些挑出來加成十，剩下的再相加，這樣子就會快很多。」

大兒子拿了幾輛車的車牌當範例試了一下，效率真的提升很多：「爸爸，真的耶！這樣加就快好多喔！」

看到他這麼開心，我於是又告訴他一些小技巧，就在這樣的討論之中，時間快速飛逝，完全記不得在車陣裡緩慢龜速的事情，直到車子已經接近家門前的巷子，才驚覺到我們要回到家了。

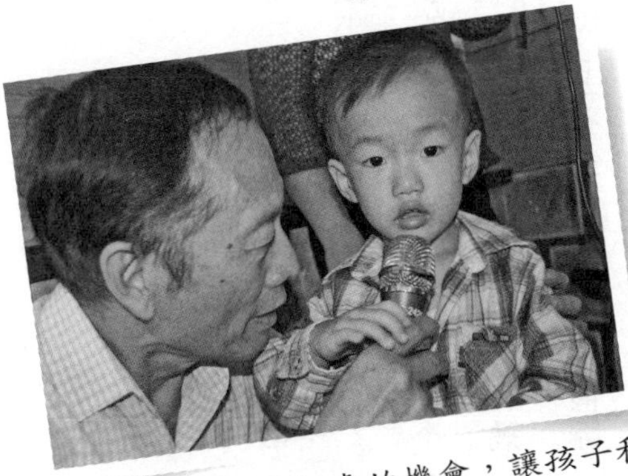
◎多製造祖孫相處的機會，讓孩子和長輩保持親近。

校長爸爸的叮嚀

有開車經驗的人都知道，一邊駕駛，車上的人卻一邊吵鬧，那是非常煩心的，開車其實很花心力，還要分出多餘的精神去管教小孩，簡直是不可能。然而很多時候，光是口頭上的責罵與處罰，對年紀尚小的孩子來說，效果實在不大，你說下次不帶他出門，下次都還沒到，小孩哪有什麼感覺，如果是罵個幾句，孩子可能安靜一陣子，過一段時間之後，兩兄弟馬上又為了什麼小事情開始打鬧起來，根本是治標不治本。

對於小孩來說，新奇有趣的事物，總是最能吸引注意力，尤其是遊戲，再簡單的遊戲他們也可以玩不膩。父母親要用聰明的方式管教孩子，在不同的空間要用不同的方法，「車牌加法」就是以這樣為出發點，而衍生的一個遊戲，或許這對孩子來說，只能增進些許的數學能力，可是車廂內開心的互動，那愉悅的時光其實是最實在的。

千萬不要偷懶用3C產品帶小孩，固然是方便，而且孩子也真的不吵不鬧，但是後患無窮，因為長時間使用這些物品，除了傷眼睛，還傷腦筋。有太多孩子沈迷於網路遊戲裡無法自拔，害他們的不是別人，正是他們的父母提供了這些手機、遊戲機、電腦，方便之中卻少了人與人的互動，除了低頭專心玩遊戲之外，也不關心和觀察周圍的事物，真是有百害而無一利。

親子守則
14
時代社會不斷在
改變，當父母要
不斷的調整

時代和社會快速的在改變，我們作父母的如果不知道要調整，很容易造成親子隔閡，甚至用著已經落伍的舊經驗來教導孩子，只會顯現自己的霸道和愚昧。

大兒子升高三的時候，正是手機開始漸漸普及的年代，通話費不再那麼高價，手機的尺寸開始縮小，也從單純的實用風格，慢慢增添了一些設計與品味，成為流行的一部分。有一天，大兒子就開口跟我們說：

「爸、媽，我想要辦一支手機。」

「你辦了要做什麼用？」我反問他。

「就，聯絡事情啊。」他支支吾吾地說。「有時候社團的事情也需要聯絡。」

「你升上高三之後，不是已經把社長的職位交出去給學弟妹了嗎？應該不大需要跟外面的廠商聯絡了吧？人都在學校，社團的人要找你也不是問題啊。班上同學們呢？有多少人在用手機呢？」

「大概，五、六個吧。」他已經回答地有些無力。

「我想如果一個班級才十分之一的人在用手機，那應該不是什麼必需品，真的需要再說吧。」於是我回絕了他的要求。

考完大學聯考之後的暑假，他很積極地說要去打工，找到了一份廣播電臺的工讀機會，因為要騎車上下班，電臺的工作又經常要到戶外去辦活動，於是，老婆把自己的手機先借給大兒子用，以便了解他上班的一些情況，確認他的下班時間等等，直到他大學正式開學，在外頭唸書總是要有方便的聯絡方

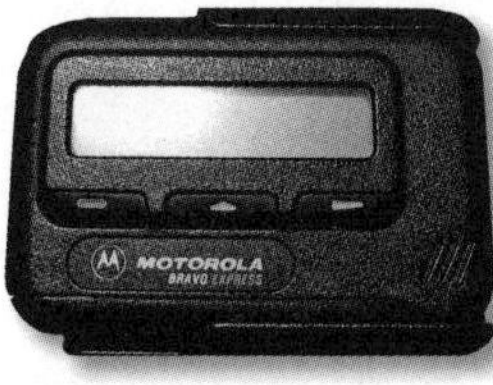

◎BB call是90年代重要的通訊器材。

式，我們才幫他辦了人生中的第一支手機。

小兒子高一下的時候，很快就開口跟我們要求要辦手機，我當然一樣反問他，想知道他的理由是什麼。

「老爸，你要知道我們班上現在只有五、六個人沒有手機，而且啊，同學們之間聯絡也幾乎都用手機，沒有人在打家裡電話的，有時候只是聯絡一下學校或是社團的事情，還要打電話去同學家裡，被別人的爸媽問東問西，超麻煩的。」

小兒子說的很有道理，從他哥哥要手機到他現在開口的時間，不過短短一年多，狀況卻已經大不相同，手機的通話費下降的很快，街上幾乎人手一機，我們也習慣於用手機聯絡事情，打家裡電話，可能還要家裡人轉接，如果要找的人不在家那更是徒勞無功，然而手機一撥，可以直接找到想要找的對象，增添許多便利性。

「好，你說的有道理，不過你只是學生，不是什麼做生意的人，每個月電話費超過兩百塊，就請你自己負責，如果你付不出來，手機就停話。」我很明確地讓小兒子知道，享受權利的同時，也得要承擔義務。

他很節制的使用手機，一直到高中畢業之前，電話費都維持在兩百元左右，偶爾略為超過幾十元，我也沒有跟他計較，只是口頭提醒他，畢竟規矩還是要有彈性，家庭教育並不是軍事教育。

等到女兒上了國中之後，我跟老婆反倒是主動在考慮給她買手機，因為在那個時候，手機已經變成一種出門必備的東西，就像是皮夾或者是鑰匙一樣，如果忘了帶，總覺得渾身不對勁。

「妹妹，你有需要用到手機嗎？要我們幫你辦一支嗎？」

◎科技日新月異，千萬別讓孩子陷入“追新”的陷阱。

我原本期待他會跟他哥哥們一樣，試圖提出擁有手機的各種理由，然而，女兒想了一想，卻給了我一個很意外的答案。

「不要好了。」

聽到這回答讓我十分驚訝，正想再問，她卻自己接著回答。

「你看，爸爸，我的日常生活根本不大需要用到手機，有點像是那個廣告臺詞一樣：『我不是在學校，就是在去學校的路上。』而且我上下學也都是你們接送，好像真的用不到手機。」

女兒的答案雖然幽默，卻十分有說服力，還只是國中生的她，尚未參與太多其他活動，生活很單純地都在學校裡，手機的必要性並不是那麼高。理性思考的她，讓我非常佩服。

後來她升上高中參加班聯會之後，我們就替她買了手機，畢竟這時候實際用途就很豐富了，要聯絡廠商找贊助，或者是跟校外團體合作辦活動，回家的時間

不固定，常常往外跑，得聯絡家裡，告知我們她現在的行程跟狀況。到頭來，三兄妹所處的客觀環境大不相同，卻在類似的年紀，因為不同的理由，辦了手機門號。

校長爸爸的叮嚀

教育就是這樣，不僅僅要因材施教，根據不同孩子的不同個性，用最恰當的方式去互動，也得**要跟著時代的脈動走，如果時代改變了，我們一味守舊只是造成親子間對立，或者顯示出父母親與時代脫節的愚昧**，可能讓孩子覺得你只是什麼都不懂的老古板。時代在進步著，而且發展的速度越來越快，古早時，沒有什麼驚天動地的事情，不會發電報，資訊溝通是一件嚴謹肅穆的事情；到二十一世紀，恐怕只是無聊睡不著覺，手機一拿起來撥號，跟朋友一聊就是幾個小時，聯絡感情變成最重要的事情之一；更不要提這幾年智慧型手機的崛起，對著觸控螢幕東點西劃，各式各樣的軟體，還包括與網路的連結，通話已經變成手機的功能之一而已。

每次最新款的手機發售時，總會聽到有某些朋友要特地去排隊預購，只因為還在唸中學的孩子想要那一款手機，然而我怎麼都想不透，唸中學的孩子拿著功能強大的最新手機，到底是實用的成分多，還是炫燿的成分多。用這樣的方式收買孩子，難道可以增進多少親子關係嗎？藉由物質消彌和青春期孩子之間的緊張，逞一時之便，長遠看來只是有害無益的。

孩子要買手機不是什麼壞事，瞭解他有沒有那種需求，親子間可以進行理性的討論，也讓他去檢查省思，自己是否真的用得到手機，而不是為了跟流行、為了拿來聊天閒談。更何況**買手機也不是一種一次性的消費，每個月隨之而來的通話費、上網費，孩子必須要學會控制，得到手機使用權利的同時，更伴隨的是長時間的責任。**

錢不是萬能，但沒錢萬萬不能，因此教孩子認識金錢，賺錢、存錢、花錢，正確的使用金錢，最重要的是價值觀，那會影響孩子的一生。

大兒子上國中之後，就比較少讓我們幫他買衣服、鞋子了，隨著年紀增長，價值觀跟審美觀，也逐漸受到同儕團體的影響。不過他依舊不是一個奢侈的孩子，很少跟我們要求什麼，直到有一天，他舊的運動鞋已經快要開口笑，買新鞋這件事引發了一連串的討論。

「爸，我想買一雙新的籃球鞋。」大兒子在晚餐的時候提出要求，隨後說出了一款知名球星的鞋款。「這雙鞋上個月才剛出，很讚。」

我沒有太多反應，只是語氣平淡地回覆他說：「買啊。」

他聽到我的答案之後，掩飾不住嘴角的欣喜，神情都雀躍了起來，不過，他又仔細盯著我的表情好一陣子，突然覺得事情似乎與他想像的不同，於是又冷靜了下來，開口再問。

「所以，老爸，那雙鞋三千八，我可以買囉？」他試探性的問著。

「當然可以啊，我對於你要怎麼樣花自己的錢，不會有太多意見。」我靜靜地說完這句話之後，繼續面不改色地吃飯。

兒子的臉一下子垮了下來，他發現自己誤判形勢，沒想到要自掏腰包。

「老爸你不出錢嗎？」

我放下碗筷，直視著他的雙眼問：「班上同學都穿這個價錢的鞋嗎？」

「沒有。」

「那就不算是必需品囉？既然這樣，當然是要你自己出錢。」

「可是，我同學們買鞋子他們爸媽都會出錢，而且我的鞋子都快要壞了。」大兒子雙管齊下，又是舉別人的例子當靠山，又是拿要壞掉的鞋子搏取同情。

「這樣好了，不要說我太殘忍，我還是贊助你一點，兩百塊。」

我話剛說完，兒子的臉立刻漲紅了起來，用著有些激動的聲音回覆著我。

「才兩百！？那雙鞋子要三千八百塊耶！也差太多了吧！」

「我不是已經講得很明確了嗎？這種價錢的球鞋並不是必需品，平常有給你零用錢，過年的壓歲錢也都存在你自己的戶頭，我覺得你有權利選擇買你想要的東西，我也有權利選擇要不要出錢，我是你老爸，不是提款機。」

◎從小讓孩子參與購物，建立價值觀。

大兒子心不甘情不願地吃完晚餐，同時把我贊助的兩百塊收進了口袋。過了兩天，他帶著那雙夢寐以求的籃球鞋回家，在客廳試穿著走來走去，還一邊跟他弟弟討論，這雙球鞋有多麼的酷炫，多麼的流行，穿起來有多麼舒適，對於腳踝的保護有多麼高，雖然貴，一切卻非常有價值。

又過兩個月後，我看他在飯桌上有點悶悶不樂，於是問他到底怎麼一回事。

「我買的這雙鞋啊，上禮拜剛出紅黑色的限量版本，我同學立刻就跑去買了。」他的口氣很明顯透露出來，當初買這雙鞋，到底有多少成分是為了炫燿。

「你因為自己的鞋子不炫了，沒有同學的酷，所以心情不好嗎？」

「不是。」他搖著頭說。「我是覺得自己很笨，看到我同學又買最新款的鞋子，我才發覺到，明年又會出新的一代，一代又一代，買最新的根本沒有什麼意思。」

「咦，老爸，那如果下次我買一雙一千塊的球鞋呢？」他突然想到什麼似的對我發問。「你會贊助多少錢？」

「一樣兩百啊，我幫你買東西，你當然不用出錢，你自己要買東西，我都一視同仁贊助兩百，跟東西的定價無關。」

「那我下次去買原子筆也要申請贊助！」小兒子在一旁插嘴，大家一聽到，都笑了起來。

從此之後，贊助兩百塊就變成了我們家的一個原則和默契，三個孩子無論是買球鞋、隨身聽、手機，甚至是兩個兒子後來念大學自己買的摩托車，我從來沒有贊助超過兩百塊。孩子多少都會想買一些比較新潮，或者是比較有品牌的商品，這種購物心理還是很難抗拒，即便如此，他們還是會認份地從自己的零用錢或是壓歲錢慢慢儲蓄，直到存足夠了金額，再去選購，因為我會給的，最多就是兩百塊。

在環境的影響之下，孩子們也了解到不管是壓歲錢或者是零用錢，他們在學生階段所存下來的錢，其實都是父母給予的，當然，我給他們完全的支配權力，他們也願意跟我們討論使用的方式，尤其是各種重大支出，孩子們也會想徵求我們的意見跟想法作為參考，而不願意只是跟著同學朋友一起追逐新潮。

◎孩子在購物的過程中，可學會支配金錢和自己的慾望。

校長爸爸的叮嚀

我每次說起這個故事，朋友們總是覺得什麼東西都只贊助兩百塊，實在太過小氣，應該要照東西的訂價按比例補助，甚至是孩子平時表現好，就當做禮物送給他，聽到這樣的想法，我實在不敢苟同。平日我給孩子的零用錢，除了支應日常的開銷之外，都還會有一些額外的金額，這些錢，就是讓孩子自由支配，他可以花在跟朋友的聚餐上，或者是買一些喜歡的CD、書籍，甚至拿去吃一頓速食，偶爾為之也無妨。如果孩子是想訂閱一些好的雜誌，我總二話不說直接出錢；如果他是想要買把口琴，學學才藝，我也會立刻當作禮物送他。但是，**若是想買一些非必要的東西，孩子他就該自己付出代價，即使錢是一點一滴累積起來的，這是一種消費觀念的培養。**

很多父母都有補償心態，不僅僅是補償孩子，甚至是補償自己。因為平常工作太忙沒空陪孩子，就用禮物來減少自己的罪惡感，或者是覺得以前日子過得苦，現在能滿足孩子的生活，就不該苦了孩子。但是沒有昂貴手機、沒有名牌球鞋，就算是孩子在受苦嗎？沒錯，這一代的父母，多數成長歷程都過得不輕鬆，那也不代表現在就要放縱孩子的要求，讓他享受從前父母所享受不到的。我們作父母的為甚麼在孩子價值觀尚未健立之前，就讓他恣意的享受消費奢侈品呢？

孩子必須從小培養金錢和消費觀念，有的孩子天真，以為只要沒錢，去提款機永遠都有得領；有的孩子爛漫，以為只要沒錢，跟爸媽伸手永遠都有錢拿。**每個家庭都該量力而為，應對各自的家庭經濟環境，訂立適當的用錢方式和觀念**，做父母親的無法永遠保護孩子，卻能夠建立影響他一輩子的正確金錢價值觀。

光用嘴巴的教育是不實際的，最好的身教是父母親動手做，帶著孩子做，教與學都自然的在親子合作之中發生。

夏日炎炎，聲音宏亮的蟬叫聲，告誡著我們外頭的陽光有多麼酷辣，房子裡雖然溫度低了一些，依舊是讓人頭腦熱得昏沉沉地，電扇經過好幾個月的工作之後，動作彷彿也變得遲緩，怎麼也吹不去一身黏膩的汗水，大概是堆積在上頭的灰塵，影響了電扇帶來的清涼感，於是，我決定把家裡的電扇都給好好地清洗一番。

把樓上、樓下的電扇都集合到院子裡，也把在客聽一邊搧著風一邊看電視的小兒子給叫來，打算帶著他做事情，給他一個學習的機會。當然，還在唸小學的他是不大心甘情願離開卡通的，找了一堆藉口來搪塞我。

「爸爸，我覺得電扇很涼啊，不用洗也很好了啦。」小兒子一邊講話，眼睛依舊緊盯著電視螢幕，動也不動，看著他T恤上被汗浸濕的幾塊水漬，我忍不住笑了起來。

「暑假你看的電視也夠多了，暑假作業不是有一項「寫日記」嗎？洗洗電扇，才有題材可以寫，你總不會想要每天的日記都寫在看卡通吧！」聽完我這番話之後，小兒子嘟著嘴去拿抹布，總算是願意起身幫忙。

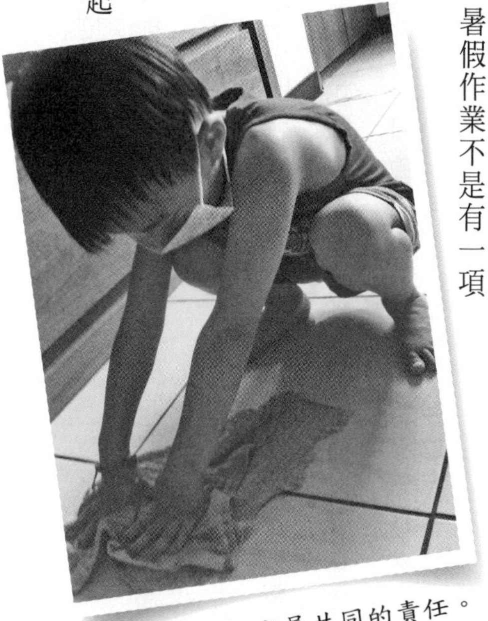

◎家，是每個成員共同的責任。

拆解電扇清洗並不是什麼了不起

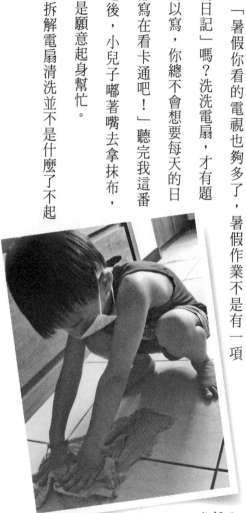

的事情，我先把小兒子叫過來，把整個步驟跟他說明清楚。

「這個電風扇的罩子，其實就只有卡榫扣住而已，從有卡榫的地方扳開，就可以拆下來了。」我一邊講解一邊動手，沒有幾秒，就把罩子給卸下。

「扇葉的部分，把中間這個固定用的蓋子轉下來，就可以把葉片也拿下來了。」剛拆下來的葉片上，真的積了不少灰塵，用抹布輕輕一擦過去，扇葉變得光亮，抹布的臉卻黑了，先擦過一遍之後，再拿著水管用清水沖洗葉片，放在一旁晾乾。

清理完第一臺電風扇之後，我就繼續動手，五、六臺電風扇，也是需要不少時間拆卸，小兒子負責拿抹布把電風扇的底座擦乾淨，一邊擦著，一邊也頻頻往我這邊望著，似乎是對拆電扇感到挺有興趣的。

「爸爸，我等下可以試著拆一臺嗎。」他終於發問。

「當然可以啊，不過卸開卡榫的部分有點難度，如果一時之間打不開千萬不

要用蠻力，要找我幫忙，OK？」

交代完後，小兒子就興奮地動起手來，果不其然，拆開卡榫對他來說不大容易，我還是出手幫他完成，至於葉片的部分，就讓他自己來拆卸。把所有的電風扇都清潔整理完畢之後，感覺的確清爽多了，或許也是因為流了不少汗水，又一直用清水洗著葉片，人也不覺得那麼躁熱。

傍晚，老婆回家看到每個電風扇的葉片都閃閃發亮，很高興地詢問著：

「是誰這麼勤勞，把電風扇都清乾淨了啊？」

我沒有獨自居功，也把小兒子的協助宣揚了一番。受到媽媽

◎透過簡單的家事協助，讓孩子培養生活能力。

稱讚的小兒子，感覺非常高興，縱使原本有些不大甘願，這下子似乎錯過一些卡通影片，也是非常值得了。

在那之後，小兒子就開始喜歡跟著我修理東西，他發現修理東西其實很有趣，能夠當助手，也是非常有貢獻跟成就感的。偶爾，幫忙換一下故障的燈泡，瞭解日光燈要怎麼拆卸；也曾經協助我，一起滿頭大汗地在浴室裡更換老舊生鏽的蓮蓬頭組；或者是在廚房用電鑽跟釘子等等的工具，在牆壁鎖上能夠掛廚具的架子；買回來新的錄影機，該怎麼連接音源和視訊線，我也一一給他指導。身為一個助手，他慢慢學習到各種工具的名稱，並且理解該在什麼樣的狀況派上用場，隨著經驗累積，他偶爾也能提出一些建議。彷彿我們就是一組參加高爾夫球比賽的好搭檔，他像是桿弟，提供適當的器具或者是想法，我則是高爾夫球員，負責將策略執行到最好。

小兒子年紀增長之後，原本身任小助手、小學徒的他，已經可以獨立作業。

電視、音響因為更換擺設變動了位置，我只要負責搬，剩下連接各種音源、視訊、電源線的繁瑣工作，交給小兒子就行了；到了夏天，只要交代一聲，他就會把每一臺冷氣機的濾網拆下來清乾淨；日光燈不亮了，他會自動去看看，到底是燈管故障還是啟動器壞了。看到他變得這麼能幹，實在讓人感到欣慰，不僅如此，也讓我對他放心不少，有能力去學習、去解決事情，不怕親手做，這是生存的基本技能。

校長爸爸的叮嚀

很多家庭裡的瑣事，像是器具的故障和維護，請專人來修理，既不符合經濟效益，還要花時間等待，自己動手做，才能應急，像是要洗澡的時候如果浴室燈壞了，與其點著蠟燭應急等人來處理，不如捲起袖子檢查看看是否只是燈泡燒掉了。有些父母對孩子非常保護，認為這些事情打個電話，花點小錢請工人來做就好，他家的小孩只要用心在課業上就可以了。努力栽培孩子的情況之下，有朝一日或許出國留學，這時候孩子才發現自己除了唸書什麼都不會，外國的人工昂貴，請人來做個簡單維修，價錢都十分驚人，留學生活變成苦日子，其實只是因為毫無生活能力而已。

即便是長期定居在便利的臺灣，沒有一點常識知識，一樣會給自己製造困擾和麻煩。小兒子有一次去他大學同學的租屋處作客，聊著聊著，他的同學便抱怨說，房東提供的冷氣和除溼機品質不大好，每次只要打開運轉，他就會覺得鼻子不適，一直打噴嚏，小兒子好奇問他，平時有沒有在清理濾網，他同學帶著疑惑的表情問說：「那是什麼？」，小兒子於是動手拆下冷氣機跟除濕機的濾網，一拆下來簡直驚為天人，那濾網上的灰塵幾乎密不透風，也難怪會覺得不舒服了，經過一番清理之後，他同學鼻子不舒服的毛病也就不藥而癒了。

我們要給孩子的教育很多、很廣，除了知識上的教導，待人接物方面的學習以外，培養孩子的生活技能，更是不可或缺，因為在人生的路上，其實絕大多數的時間，我們都在處理面對這些瑣碎事務，那卻是很真實的生活。**如果你會些甚麼，千萬不要吝惜，要帶著孩子做事情，讓他從小就學習這些生活常識，才是真正的替孩子著想。**

電腦是功能強大又便捷的工具，我們使用它來工作、生活和娛樂，但是不該讓它佔據我們的生活，佔領我們的家庭，搶走了我們的孩子。

我們家算是很早就進入了數位時代，二十年前，為了一些工作上的需求，偶爾需要電腦的文書處理，我就添購了家中第一臺的電腦。孩子對於家中有電腦這件事情非常興奮，在當年，這可是一件大事，尤其在這之前，小姨子就常常帶孩子玩她電腦裡的遊戲，所以，電腦對孩子來說，幾乎就是電動遊樂器的代名詞。

不過，藉由把電腦擺在客廳，孩子們就算要玩遊戲，我跟老婆也能有效掌控他們打電腦的時間，頂多偶爾趁我們不在，偷偷玩電腦。這段偷打電腦的故事更是精采地爾虞我詐，兩兄弟總是豎起耳朵，聽到一點點鑰匙轉動門鎖的聲音，就立刻把電腦關機躲回房間，不過呢，電腦螢幕雖然已經關閉，只要用手一摸，仍舊溫熱的表面就露了餡，手腳再快也沒有用。

既然如此，兩兄弟想到了解決之道，在偷玩電腦的時候，他們把冰枕用毛巾包好放在螢幕上，如此一來，無論我跟老婆怎麼摸螢幕，也猜不出到底剛才有沒有使用過。然而，事跡總有敗露的一天，有一次因為他們耳朵豎得不夠尖，動作慢了一些，雖然我進門的時候電腦已經關機，兩兄弟也不在客廳裡，可是冰枕卻還好好地躺在螢幕上，這下子真相大白了。此後，電腦就被搬到主臥室鎖住。

隨著孩子年紀增長，電腦設備也持續更新，使用電腦的正當用途也比較增加了，做一些報告、作業，打電動的時間減少了許多，為了讓他們使用方便，不要被外界打擾，電腦於是移進了他們的房間，可是當網路進入家庭之後，一切又整個改觀。

跟電腦遊戲比起來，網路的吸引力要遠遠大過數百萬倍，電子郵件、搜尋網站、聊天軟體、BBS，每一種東西都能讓他們耗上許多時間，弄到很晚還遲遲不肯睡，實在對身體很不好，想要把電腦加密碼也不切實際，真的需要做作業的時候，如果我跟老婆不在家，也是挺麻煩，所以為了一勞永逸，不顧他們怎樣反對，我又把電腦給遷移回客廳。一邊清理客廳的空間準備放電腦時，小兒子一邊提出各種理由抗辯，想要讓我改變心意。

「老爸，這樣子我如果要做報告，在客廳很難專心。」

「沒關係，不管誰要用電腦做作業，客廳的電視就不准開，這樣子就不會被打擾到。」

「可是快要冬天了，在客廳打電腦很冷，在房間比較暖和，才不會手指凍得跟冰棍一樣。」小兒子又提出第二個理由。

我向沙發邊指一指，對他說：「那邊有小臺的電暖氣，如果冷，就自己拿過來這邊吹。」

「這樣我用電腦一點隱私權也沒有，都被你們看光了。我也有我的隱私啊，我在跟同學聊天，或者是看同學的網誌，這是我的私事耶！」小兒子大聲疾呼，彷彿受到萬惡政府壓迫，抗爭要求基本人權。

「從來也沒有人會在你用電腦的時候去靠近看螢幕裡顯示的文字內容，頂多遠遠地看到你在上網還是打電動之類的，這樣也算侵犯隱私嗎？那你看到我剛剛換臺看了某部電影，這樣算不算侵犯隱私？」小兒子被我問得啞口無言，百般不願意地，還是幫忙把電腦給搬到客廳來。

我們除了訂下固定的電腦使用時間之外，也留有一些彈性，因為偶爾總是會有報告或作業比較花

◎現代的孩子學習如何不過度依賴、沈溺於電腦使用很重要。

時間查資料、編輯，遇到這種情況，我還是會讓孩子盡量把工作完成，畢竟事情有優先順序，如果只是為了上網、打電動而太晚睡覺，這是絕對不會允許的。

又過了幾年，家中的擺設有所變動，孩子也已經唸大學，我於是又把電腦從客廳移回兒子的房間，有趣的是，人的想法也會隨著時間改變，小兒子對於長久以來在客廳打電腦的習慣，反而是甘之如飴，這下子我又要搬電腦，他當然有意見。

「老爸，電腦放在我房間不好吧，媽媽有時候要看韓劇，妹妹又常要做報告，這樣會影響我的作息耶，我如果想早點睡覺都很難。」他一臉無奈地說著。

我覺得很有趣，不禁露出了微笑對他說：「當初把電腦搬出你房間你有意見，現在把電腦又搬回去你也有意見，你該不會是為了反對而反對吧？」

小兒子不好意思地搔著頭，有點不知道要怎麼接話，於是我又開口。

「電腦擺在客廳的時候，大家配合協調，不大會打擾到彼此，現在搬去你房間，我相信我們也可以協調出一個不會互相影響的方式。」

然而，這並不是我們最後一次移動電腦的擺設位置，在這之後，還是隨著各種情形而搬動電腦，比如說家中電腦數量的改變、房間配置的調整、網路線路的更動等等。即便如此，已經培養出來一種使用電腦的規則和默契，各式衝突或者是使用過度的狀況，幾乎不存在。

校長爸爸的叮嚀

時代改變得很快，電腦跟網路，幾乎是每個家庭必備的，每個人都要學會使用的，可是，**有些事情並不隨著時代改變，那就是不管做什麼樣的娛樂，都該要有訂好的原則跟規矩。**選擇把電腦放在容易管理的場所，比如說客廳、書房、主臥室，在孩子還沒有學會節制的時候，適當的禁止，是必須要做的；在孩子已經成熟長大之後，讓他可以在自己的房間使用電腦，給他自由的空間，是父母親該調整的。

除此之外，即便電腦是現代家庭的必備家電，也不見得要人手一臺，把家裡搞得跟網咖一樣。倘若每個家庭成員都有使用上的需求，才該要考慮增添設備，否則，工具變成了玩具，原本想要給孩子多一個管道學習知識，卻可能只是換來孩子早一點罹患近視，甚至網路成癮。怎麼去協調使用電腦的時間，如何去維護其他人使用時的環境，這都是孩子將來在團體生活的社會裡，應該學習的課題之一。

所以說家中電腦只有一台，不見得是壞事，反倒是讓孩子多了學習協調和自制的機會。**千萬不要因為買得起，也不要為了方便，家裡有了太多的電腦，又缺乏管理的能力，最後反倒讓孩子受了毒害，那可是很難收拾的後果。**

學習本來就是在生活當中無時無刻的進行著，但是成天的教與學讓人疲勞，讓孩子厭倦、反感，因此透過遊戲的趣味來吸引孩子，同時也增進了親子關係，一舉兩得。

小女兒跟兩個哥哥年紀差了一大截，當兩個兒子一個國中生、一個高中生，課業壓力最重，生活最忙碌的時候，女兒不過是個快樂的小一新生。在這個時期，兒子們常常不是要上輔導課，就是在學校留校自修，家裡就成為小女兒揣摩當獨生女氣氛的時光。

也因為這樣，在兩個哥哥沒有回家之前，我跟老婆出門的時候，都會帶著小女兒。多數時間出門，都是為了要處理一些生活上的事務，去銀行領錢、去朋友家付會錢、到郵局領掛號信、到店家洗相片、去藥局買藥又或者是去繳各式各樣的帳單，幾乎每一天都有不得不處理的事情。然而出門辦事有著妥善的分工，才能輕鬆許多，通常是我負責開車，老婆就下車處理事情，這樣子既不必為了花個五分鐘領錢，卻用了十幾分鐘找停車位，一起出門也有個伴，不會覺得枯燥乏味。

但是，偶爾總是會遇到需要等待及排隊的狀況，這種時候，車上的人難免覺得無聊，自己一個人還好，聽聽音樂、廣播，就不會太悶，可是在後座的小女兒年紀還小，不到五分鐘，就好像全身長蟲一樣，開始扭來扭去吵吵鬧鬧。原本打算跟她一起玩車牌加法的遊戲，然而，一方面她才剛上小學，對要進位的加法概念還很弱，另外一方面，我們的車停在路邊，根本看不到幾輛車的車牌，這下子遊戲完全沒辦法玩。

不過呢，抬頭看到整條街琳瑯滿目的招牌，我突然靈機一動，想到了一個好主意。

「妹妹，我們來玩一個新遊戲好不好？」

「要玩什麼？」女兒圓滾滾的眼睛瞧著我看，終於不再繼續吵鬧。

「我們來指定一個國字，然後比賽看看誰先在招牌上面找到，每個人都可以輪流指定題目，這樣好不好？」

「好！」小孩子總是這樣，聽到要玩遊戲，不但精神來了，注意力也集中了。

我出的第一個題目是「牛」，我很快地從街角牛肉麵店的招牌上找到，先馳得點。輪到女兒指定題目，想不到她出的第一個題目，就讓我驚訝。

「我要出個題目是我們的『我』字，預備，開始！」女兒年紀還小，就認識筆劃這麼多的字，實在很難得，可是另一方面，怎麼也想不透招牌上會有這個字，我找了半天，什麼都沒看見。

「找到了！爸爸你看！」女兒指著對面馬路的連鎖牛排店招牌，果然開頭第一個字就是『我』。

接著輪到我出題目，說真的，出題目比找字還辛苦，要配合女兒的程度，還要想出一些在招牌上容易出現的字，實在不太容易。當然在這樣的遊戲之中，還是我贏的次數多，等到老婆處理完事情上車，我就專心開車，換成她跟女兒在競賽，隨著時間過去，雖然女兒還是輸多贏少，她在招牌上找字的速度越來越快，小孩子的眼睛很利，總能注意到一些大人會忽略的小地方。

等到女兒年紀再增長一點之後，我們就可以毫無拘束隨便想一個字當題目，即便很難找，也能打發掉許多

◎和孩子一起上街，也是個學習的好機會喔！

時間，如果真的怎麼也找不著，頂多換一個題目就好。偶爾兒子們也在車上的時候，招牌找字就變成全家的大競賽，這無關乎年紀、知識和學歷，一切仰賴著邏輯和觀察力，用邏輯去思考判斷，在什麼樣的招牌上會有這樣的字出現，用雙眼去仔細觀察，不要放過任何一個高度及方位的招牌。

只是隨著女兒年紀越來越大，我出題目的時候，獲勝的機率大概一半一半，她出題目的時候，獲勝的機率卻超過八成，這實在有些弔詭。有一次，我從後視鏡偷偷觀察著，女兒一直望著車子的右後方，然後出了一個題目：

「我們來找恐龍的『龍』好了。」她一說完話，才把眼神往其他地方看去。但是當我順著她剛剛望著的方向一看，立即就發現一家燒臘店叫做『龍城』。

「我找到啦，『龍城燒臘』。」我得意洋洋的宣布答案，也等於是宣告看穿了她的招數，原來女兒根本已經找好了招牌上的字才出題目，然後假裝四處張望，才大聲嚷嚷說自己找到了。

既然有這樣的取巧的行為，我們的遊戲規則也隨之修正，比賽的時候要找一個人當裁判，由裁判來出題目，以維持公平。就這樣，車廂裡的小遊戲，讓孩子不再吵吵鬧鬧，長途的高速公路上，比賽車牌加法解悶，短程的市區移動，從招牌認字來競賽，無論要去哪裡，一家人總是開開心心的在車內玩耍著。

校長爸爸的叮嚀

開車出門處理事情，本身就是一件繁瑣的事情，如果又遇到停車位難找、交通壅塞，心情肯定浮躁，這時候如果孩子跟著出門，還在後座吵鬧，對父母來説真的很容易動怒發脾氣。有些父母用威脅恐嚇的方式，把孩子嚇得半死，卻不見得可以收到效果，可能孩子過五分鐘就忘了，又或者從此之後討厭跟隨父母出門辦事。有些父母喜歡用收買的方式，既然要下車辦事情，那就買點吃的、玩的給孩子，只要能讓小鬼頭安靜下來，不要打擾自己處理事情就好，敷衍搪塞的方式，往往會將自己推向被牽制的一方，以後孩子就知道趁這個時候搗亂，因為只要在這時候讓父母煩躁，就可以換得自己想要的東西。

招牌認字的遊戲，**對小孩子來說**，**真的可以增加很多國字的基礎**，另一方面，就算年紀稍長，也能提升各式各樣的能力。良好的邏輯與推理，是不可或缺的，比如說當要找「牛」字，或許會聯想到有賣牛肉麵或是牛排的商家，從這樣的線索去搜尋，自然可以縮短找答案的時間。敏銳的觀察力和注意力，更是這遊戲的核心，用心尋找每一個細節，不同高度、大小、形狀、顏色的招牌，才能取得獲勝的關鍵。記憶力也是一個重點，每一次在招牌找字的過程中，有無數的資訊映入眼簾，如果能夠有個印象留在腦海裡，面對下一個題目的時候，搜尋的效率更是會大大提高。

親子相處的時間，是有限且寶貴的，在出門辦事的同時，其實也是近距離相處的好機會，一起開開心心地玩個小遊戲，遠勝過於煩躁的吵架與責備，雖然車廂的空間狹小，營造出來的天倫之樂，卻可以無限寬廣。而遊戲之中除了趣味，不知不覺的訓練了孩子的觀察力、記憶力和邏輯，可說是一舉多得。這是教養孩子的另類作法，輕鬆愉快又有效，應該說是一種絕招。

> 我們作父母親解決問題的能力，孩子直接又清楚地感受，也同時在身旁觀摩學習著，這是家庭氣氛裡最為無形卻又影響深遠的一部份。

才剛開學的九月，天氣依然炎熱，看著電視新聞報導著颱風動向，孩子們總希望會遇到一個能夠放假，卻又不要造成嚴重災害的颱風，想要多賺一天假期是每個人的期望，然而這通常是可遇不可求的。看完新聞，我帶著孩子把一些基本的防颱工作做好，把車庫前的水溝給清理乾淨，避免下大雨的時候水淹進家裡，在比較老舊的窗戶縫隙塞上毛巾，讓雨水不要因此灌進屋內。上街買一點乾糧、麵條、罐頭跟電池，把手電筒跟蠟燭準備好，也就算完成前置作業了。當天晚上，孩子們看到電視上停止上班上課的新聞都樂不可支，但是聽到窗戶被強風震的嘎嘎作響，大雨也不停拍打著玻璃，我很肯定隔天絕不會是一個出門玩樂的好日子。

第二天一早，就被仍舊沒有減緩的風雨聲吵醒，決定起床檢查看看門窗的狀況，一走到客廳，卻發現兩個兒子早就起床打電動了，平時上學都沒這麼勤勞，放颱風假倒是很懂得把握時間，我想既然是額外的假日，就讓他們好好玩個一小時。女兒則是爬到主臥室的床上，賴在那邊跟我們一起看颱風的動向和最新的災情狀況。但是才不過十幾分鐘，整個家裡都傳來驚叫聲：「啊！」

驚叫聲的原因再簡單不過，停電了，家中光線暗了許多，頓時之間，也陷入了一片寂靜之中，接著沒有電視看的小女兒，吱吱喳喳地跟老婆講著幼稚園裡的事情，兩兄弟則是坐在房間書桌前發呆，看起來一副可憐兮兮的樣子。

「你們兩個找一副撲克牌，然後到三樓玻璃屋來。」我對兩兄弟吆喝著，他們就拿著小手電筒在抽屜裡搜尋，我則是去把昨天準備的防颱用品都給拿出來，先放到玻璃屋裡備用著。

當初為了曬衣服不受天氣影響，三樓陽臺特別裝設了玻璃屋，遇到這種停電的時候，玻璃屋裡有著優良採光，就成了最好的休息場所。大兒子把剛剛找到的撲克牌交給我，女兒很興奮地跑來，她雖然年紀最小，卻特別愛玩各種撲克牌遊戲。

「爸爸，我們要玩什麼遊戲。」

「心臟病好了，人多比較刺激有趣。」

於是，一家五口就開開心心地玩起心臟病來，你爭我奪了一輪，想當然爾，最後就是剩下女兒跟小兒子，兩個年紀最小的要對決，話雖如此，兩兄妹年紀差了八歲，高下立判，女兒對於因為年齡差距而輸了，當然不會服氣。

「這個不好玩，我們玩別的。」她嘟著嘴嚷嚷。

於是我們換了各式各樣的遊戲，接龍、撿紅點、九九，為了讓女兒不要老是輸，有時候她就跟老婆一隊，有時候則是跟我一組，就這樣，雖然玻璃屋被大風大雨吹打的聲音震耳欲聾，我們嘻笑的音量卻遠遠壓過那些風雨聲，幾乎要把屋頂給掀了。

玩著玩著，已經是中午時分，沒有電的情況之下，雖然有瓦斯爐能煮菜，還是十分麻煩，我便跟孩子們說：「今天中午就吃泡麵吧！」

三兄妹高興得不得了，因為每個孩子都愛吃泡麵，然而在我們家中泡麵是受到嚴格管制的，如果不是非常時刻或是特別例外，幾乎是沒有任何機會可以吃。於是，每個人各自把自己的泡麵打開弄好，等著下樓燒開水的老婆，終於，一大壺滾燙的開水來了，當一百度的熱水接觸到碗中的泡麵時，一股濃郁的香氣便開始四處飄散。

◎利用颱風天，好好享受難得的親子時光。

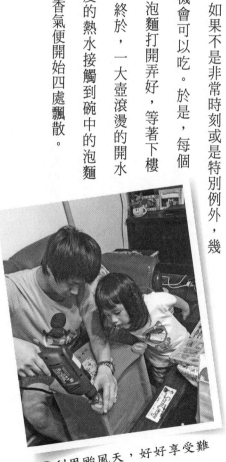

「好香喔！」小兒子一邊說一邊痴痴地傻笑著。

三分鐘過去之後，大家掀開紙碗的蓋子，狼吞虎嚥地吃起來，每個人都露出很滿足的笑容，雖然泡麵不是很健康的食物，偶一為之也無傷大雅。吃完午餐收拾完畢，大家玩了一個早上都有些累了，老婆跟女兒一起去睡午覺，小兒子拿了一本書坐在玻璃屋裡看，大兒子則是拿著撲克牌要求我教他雙人橋牌的規則。

隨著天色漸漸變暗，風雨聲也略微減弱，這時候原本準備好的蠟燭就派上用場，只是時間已經不早，又快要是晚餐的時候，小兒子馬上提議著：「晚餐還是吃泡麵！」不過老婆立刻否決，她認為一定要吃點比較營養均衡的東西，至少也要煮個麵條而不是又吃什麼都沒有的泡麵。

於是，一家人浩浩蕩蕩帶著蠟燭跟手電筒出發，一起到了一樓的客廳，把蠟燭設置好，老婆立刻進廚房準備晚餐，兩個兒子一人拿手電筒，擔當起探照燈的責任，老婆在廚房裡走到哪裡，就照到哪裡；另外一個人則是拿扇子搧風，在抽油煙機不能運轉的情況之下，廚房的熱氣完全排不出去，只能靠著小扇子通風。因為高舉著手電筒實在太累，兩兄弟每過幾分鐘就會交換工作，加上手腳俐落的老婆，三個人也算是合作無間。

我陪著女兒在客廳畫畫，雖然頂樓玻璃屋的光線比較好，她可沒有一個人待在樓上的勇氣，小孩子總是怕落單又喜歡湊熱鬧，在樓下跟大家待在一起，偎著燭光隨便塗也好。

「電來了！」女兒大叫。「爸爸你看，電視機的燈亮了！」

女兒年紀雖小，觀察力卻是如此驚人。我試著把客廳的燈打開，一時之間太過亮眼的光線，讓我們都睜不開眼睛，接著打開電視看看颱風的相關新聞，也叫兒子把電風扇拿去廚房讓老婆吹涼一點。回到現代有電的世界，相較之下前一段原始生活的時間，好像不太方便，但反而讓人感受到生活的簡單，家人相處的快樂，也真是很特別的體驗。

校長爸爸的叮嚀

偶爾遇到的颱風天，猛烈的風雨把人給關在房子裡，連想出去巷口的便利店買個飲料都寸步難行，肯定是讓人心情鬱悶又無聊，可是，一家人也難得有這麼長時間相處的機會，**不用上班上課、不用應酬、不用補習。如果停電了，電腦、電視也跟著停擺，更會促成全家人齊聚一堂的好機會。**

一副撲克牌，就能打發許多時間，在遊戲的過程中，也必然會交談，這就營造了一股隨意閒聊的氣氛。**這種漫無主題的聊天，也正是家人感情基礎的源頭**，唯有彼此能夠輕鬆的說出各式各樣的話題，遇到重要的事情，才能夠開口暢談；也在這種自在相處的過程中，讓家人彼此習慣相聚的感覺，才不會見到父母無話可說，一回到家孩子就想躲回房間裡。

颱風天，一個被關在原始時代生活的日子裡，好像很無奈，但是只要用點

心思，也能變成歡娛有趣的親子日，習慣在電子時代過生活的孩子們，或許偶爾嘗試這樣簡單的生活方式，也會覺得新奇好玩。一切都只在一個念頭改變之間，苦悶的颱風日，可能反而是未來的回憶中，最深刻懷念的一天。

孩子之間爭執是成長中的一部份，作父母的不要光忙著責備小孩，在事件當中要讓孩子恢復冷靜，讓他們學著說明理由和為自己辯護。

在小兒子進入發育期之前，老大、老二兩個兒子身高差了三十公分之多，不管是外人還是我們家人，總覺得兩兄弟看起來差這麼多，應該不大會吵架才是，經常都會忘記兩兄弟實際上年紀也只有三歲的差別。然而，兩個兒子卻是頻頻為了一些小事就吵起來，尤其只要我跟老婆一出門，這兩個小鬼時常鬧得天翻地覆，一回家就看見兩個人在吵架，甚至剛打完架。

不管大人小孩，吵起架來，沒有人喜歡或是願意認輸。我跟老婆當然是要充當起最後的裁判身分，去了解誰對誰錯，該處罰誰。雖然大部分的時間，都是兩兄弟一起被處罰，他們對於我跟老婆的公信力還是很認同，願意來到我們這邊裁決出輸贏對錯。

有一天剛回到家，就聽到樓上有大吼大叫的聲音，我趕緊三步併做兩步上樓去瞧瞧是怎麼一回事，到了二樓一看，大兒子對著房間門罵著他弟弟，小兒子則是在房間裡哭哭啼啼地咒罵他哥哥，我於是把老大拉開，叫小的把房間門打開，不准繼續躲在裡面。把兩兄弟通通帶到樓下客廳立正站好，準備好好理解一下到底發生什麼事情。

「你們兩個是怎樣？趁爸媽不在就找機會吵架是嗎？十次有九次這樣，真是亂來，到底發生什麼事情，快點說！」

兩個人同時扯開嗓門告狀，吱吱喳喳的根本什麼都聽不懂，講到有些部分還互相打斷對方，指責對方說的內容不實，這場景簡直就像是兩隻小狗在互咬打架，咬得一嘴毛。

「好啦！好啦！通通安靜！」我用更大的嗓門先壓過去他們的音量，然後接著緩緩地說：「一個一個說，兩個人這樣搶來搶去誰聽得懂，你先說。」我指著大兒子。

老大像連珠砲一樣，嘰哩咕嚕說了一大堆，中間不時夾雜著「奇怪」、「弟弟很奇怪」、「他很奇怪耶」，聽來聽去，根本搞不清楚他到底要說什麼。

「你在說什麼啊？根本聽不懂。只聽到你一直罵你弟弟奇怪，講個事情講得這樣沒條理，誰知道你在說什麼。弟弟，你說。」

還在哭哭啼啼的小兒子一開口，那更是令人跌倒，帶著哭腔的聲音已經夠難理解，三不五時還要擤個鼻涕、咳嗽、擦眼淚，從頭到尾我只聽到「哥哥要打我」這一句，到底發生什麼事情，還是沒個譜。出門回來已經夠累，還要處理這兩個小鬼，也夠令人心煩了，這時候，兩個人又為了剛才對方的描述自白有出入，開始爭執，這下，想要盡力靜下心來處理的我，火氣也冒起來了。

原來打算聽完他們講講事由，把狀況釐清之後，罰他們去寫悔過書，這對他們來說算是各種懲罰中相當嚴苛的一項，原本不肯認錯，現在不但要認錯還要寫出來，心裡面肯定是很不服氣的，而且悔過書又要立刻交出來給我，不像某些處罰，比如說不能看電視，或者是禁止打電動等等，時機還沒到，感覺好像不痛不癢。這倒是給了我一個靈感，如果他們根本有理說不清，那為何不用寫的呢？

「你們兩個，我現在聽不懂事情是怎麼發生的，所以，我要你們一人寫一份『經過書』給我。」

「我才不要寫悔過書！又不是我的錯！」大兒子立刻就抗議，可見得他對悔過書真的很排斥。

◎孩子之間有紛爭，讓他們冷靜是第一步。

「不是悔過書，是經過書。你們各自去把剛剛事情發生的經過寫清楚給我看，這樣子清清楚楚的，兩個人也不會邊講邊吵，我會再從你們寫的經過書，去好好看懂到底是誰對誰錯。」

一人發了一份紙筆之後，兩兄弟就坐在茶几的兩頭開始寫著。難得看到他們對於寫字這麼認真，好像想把剛剛的不滿都發洩在紙上，我也因為有著這段時間的冷靜，心中的火氣降溫不少，也避免自己因為一時情緒失控而不理性管教。過了一陣子，兩兄弟都寫完了「經過書」，急急忙忙地拿著來給我鑑定，洋洋灑灑的內容，認真程度遠超過平時寫日記的份量，不過我還是當做在批改作文，以同樣的標準要求他們。

「這裡，有錯字還漏字，這邊句子不通順你自己再修改一下。」我把大兒子的那份經過書批閱之後又退還給他。

「弟弟，你標點符號要標清楚，還有，把文章分段清楚，全部黏在一起哪看得懂。」小兒子的經過書也是許多地方都被我用紅筆圈起，需要大幅修正。

再回去修正內容的時候，每個人的負面情緒都已經不見蹤影，客廳裡只剩下鉛筆摩擦紙張的沙沙聲。看完他們改好的經過書，其實就只是一件小事情，弟弟拿了哥哥的文具沒先說一聲，哥哥就威脅說要修理他，兩個人都有錯，各自處罰之後，這件事情就收場了。

此後只要有紛爭，小事情當然立刻解決，吵得比較兇的，我就會要求他們寫經過書，這就像是寫狀紙互相告狀一樣，兩兄弟會極盡所能把對自己有利的部分陳述出來，久而久之，寫文章的能力也越來越好，這樣交叉一比對，我也更能夠清楚拼湊起吵架的起因，經過書就固定成為我們家中解決爭執的一個工具了。

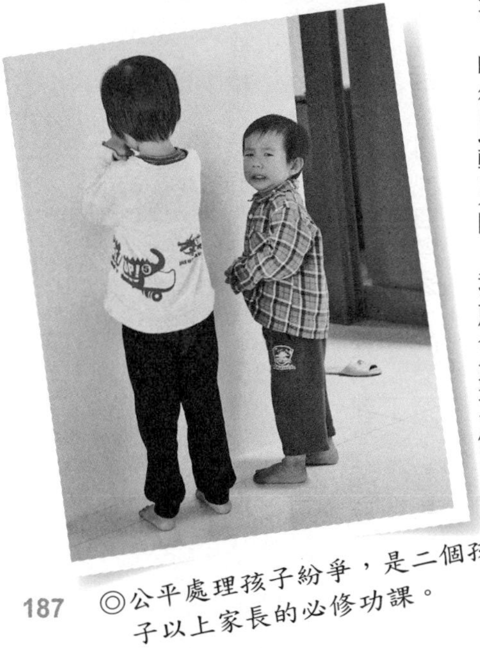

◎公平處理孩子紛爭，是二個孩子以上家長的必修功課。

校長爸爸的叮嚀

很多時候，孩子們告狀你一言我一語，唇槍舌戰的互相攻擊，只會讓言語流於情緒，無法把真相釐清，**藉由文字敘述以筆代口，能沉澱激動的心情，重新思考剛剛所發生的一切，也可以讓父母親有更多緩衝時間來處理爭執。**父母親也是人，遇到事情難免會有情緒，要百分之百冷靜地面對孩子的問題，說真的，那可不是一般人辦得到的，藉由孩子在寫經過書的時間，能夠避免直接的衝突，也能夠給父母親充足的時間去思考，該用什麼樣的方式來解決這一次的紛爭。

另外一點是，經過書比悔過書來得容易被孩子接受，因為經過書是從孩子的角度去看整件事情，他能夠充分掌控內容，而悔過書有九成以上，是父母親認為孩子必須改進認錯的部分，孩子往往不認同其中的內容，寫悔過書等於就像是錯字罰寫一樣，對孩子來説意義並不是那麼大。利用經過書的撰寫，孩子也會再度回顧剛才所發生的一切，即使立場毫無改變，但也不至於依舊那麼氣憤和極端。這也算是情緒的沈澱，**讓孩子學習冷靜，也學習為自己說理辯護，是一舉數得的處理方式，值得父母好好的運用。**

在社會上，大方有禮的態度到處受歡迎，與人應對是人際關係的出發點，學習人與人的互動是孩子重要的功課。

每個小孩養起來都很不一樣，即使是同一家的孩子個性也不一定一樣，我們家的三兄妹就是如此。老大直來直往，對於所有的事情都很勇敢大方，與人交往不怕生也不會失禮，帶他出門總是感覺很自在，不用多花心思特別去照顧他。小兒子就完全相反，從小就十分膽小，住在外婆家的時候，只要外婆在門口聊天，他就一直叫外婆回家。偶爾媽媽帶他去學校，他總是躲在媽媽身後，亦步亦趨地跟著，就怕露出了臉被同事們看到。只要聽到有客人來家裡，他絕對是三步併做兩步往樓上跑，躲進房間裡，做爸媽的怎麼講他，也改變不了他這種個性。最小的女兒個性介於兩者之間，只要交代她，一切的應對進退都會做得不錯，可惜做完之後，也是很害羞地窩在一邊不大說話，如果找到機會她當然就立刻退場離開，躲去別的地方。

對於孩子內向的個性我並沒有注意到，畢竟家人在一起的時候，每個人看起來都很活潑外向，直到有一次，去朋友家待的比較晚，兩個兒子跟朋友的小孩也玩得正開心，就決定讓他們在那邊過一夜。隔天，原本我們要去接他們回來，大兒子卻說距離又不遠，路也都認得，自己帶著弟弟坐公車回來就好，孩子想要試著自己獨立，我當然是再開心不過了，過沒多久，兩兄弟回來了，大兒子卻一直嘲笑著他弟弟。

「太誇張了啦！弟弟竟然伸手招公車都不敢！就把手伸起來揮一下，他都會害羞，這真的太誇張了！」

小兒子不想辯解，漲紅著臉躲在一邊。我覺得這個過度內向的問題的確是有點嚴重，決定從日常生活的小事來教導他。

每當我們上館子吃飯，我就會把帳算一算，跟大兒子交代清楚之後，請他去櫃檯埋單，幾次下來，原本就大方的大兒子，應對進退不成問題，我就決定讓在一旁觀摩的小兒子也跟著做。話雖如此，小兒子可不是一句話就叫得動的人。

「我年紀太小了，我數學不好，老闆會騙我錢。」小孩子遇到不想做的事情時，想理由跟藉口的反應實在迅速。

「我們可以幫你先算好！」大兒子立刻答腔。「好啦，爸爸，我陪他過去好了，不然你講一百次我看他都不會去埋單。」

於是，兩兄弟就一起去櫃檯結帳，看到小兒子扭扭捏捏把帳單跟鈔票放在桌上，老闆才剛把錢找給他，小兒子就急急忙忙跑回座位來，一個字都沒跟老闆說，他哥哥覺得弟弟的動作實在太有趣，在後頭笑得闔不攏嘴，但是這一次至少對小兒子的膽量訓練有了一個開始。

此後，兄弟倆在上館子吃完飯之後，就會猜拳決定誰去結帳，如果是大兒子輸了，事情很簡單，他總會速戰速決，如果是小兒子輸了，結帳對他來說真是一種煎熬。有帳單的店還好，小兒子通常只要拿著單子去，不必多說什麼，等著老闆找錢給他就好，雖然等待的時候他有點不自在，但不用開口對他來說總是比較輕鬆。如果是沒有帳單的店，他可就頭大了，因為他不得不硬著頭皮多說幾句話，告訴老闆是哪一桌要結帳，有些小店對他來說更棘手，還得報上剛剛點了哪些餐點，我們就曾經看過好幾次，他站在旁邊緊握手上的鈔票一、兩分鐘，口中唸唸有詞，大概是默唸過一遍台詞，才去結帳。如果老闆找錯錢那更好，他就不得不去跟老闆

◎透過生活小事件，讓孩子訓練膽量。

反應。隨著時間過去，一次又一次的磨練後，小兒子也開始可以落落大方與陌生人交談，縱使他不會主動與人攀談，至少在一般日常對話中，他不會再因為內向膽小，而感到手足無措的窘迫了。

漸漸地，孩子們已經能把埋單當成一件稀鬆平常的事情，也適應了與陌生人的交涉，那麼，猜拳決定誰去櫃檯結帳，就成為一件沒有太多樂趣的事情，於是，兒子們自己想到了一個新的競賽方式，比賽誰先能心算好帳單的總價，先答對的人就可以不必去走這一趟，老遊戲又被賦予了新生命。

這種用埋單訓練膽量的方式挺有效果，所以在小女兒年紀稍長之後，我們當然也就如法炮製，小小女孩長得可愛，跟陌生人溝通起來輕鬆很多，大家看到她，都會微笑以對，女兒自小就在這樣的氣氛薰陶之下，很快就變成進退得宜，有禮大方的孩子。

校長爸爸的叮嚀

與陌生人打交道，是我們生活中不可避免的課題，因為我們的環境總是不斷的改變。求學的過程中，會重新編班，畢業、升學，換學校，踏入新環境，加入社團的開始，也得要與一些從未謀面的人來往。出了社會之後，新的工作會有新的同事、客戶、廠商，各種接洽、應酬的場合會越來越多，不斷認識新朋友的機會也會越來越多，更不用說在處理生活瑣事之中，會接觸很多賣東西的商家、銀行的櫃員、公務機關的辦事員、便利店的店員……等等。我們的生活就是在不停接觸新的事物，不停地與人來往。

學校是社會的縮影，這話說的不錯，然而**學校的教育並不是一種無微不至的照顧，那是育嬰褓母的責任**，學校提供的是一個學習的環境與場所，在那樣的氣氛中，去讓孩子成長。所以父母不能依賴學校把自己的孩子教好，奢望把所有教育的責任都託付給學校，因為家庭教育的影響才更直接有效，更加深遠。試想，這些個性的事情，家中只有一、兩個孩子，因材施教非常容易，而班級裡幾十個學生，一個內向至極的孩子，怎麼可能在老師的教導之下，馬上敞開心胸與同學打成一片。

從孩子懂事開始，就要讓他磨練與人交涉的勇氣，結帳埋單是一個很好的機會教育，讓膽小的孩子，也能從生活瑣事之中，慢慢去學習成長。**我們並不奢求每個孩子都能變成活潑開朗、八面玲瓏的性格，但是培養大方的與人應對的能力，是最基本的。**如此，孩子的成長才不會過於封閉和孤僻，因為我們教養孩子希望他們能獨立自主，能夠面對社會，面對人群，絕不願意見到孩子長大成了繭居族。

能夠照顧自己是做人最基本的能力，如果一個人連自立更生的本領都沒有，那就別妄想要追求甚麼大志向和理想了。

人生很難去預料未來會怎麼樣發展，所以我們總希望孩子可以具備各種生活能力，或許不必樣樣精通，但是至少能夠慢慢獨立，課業上的成就與分數，只是對未來的一種預估而不是一種保證，紮紮實實地面對生活上的大、小事去磨練，就像是游泳或騎腳踏車一樣，是一旦學會就一輩子不會忘記的技能。

孩子從稍微懂事就常常進廚房幫忙，這是老婆堅持的教育方式，從簡單的挑菜讓孩子做起，既能略為減輕老婆在廚房的工作量，也可以讓孩子從基礎的工作得到成就感，在此同時，媽媽與小朋友之間，一邊閒聊一邊準備晚餐，增加了很多相處的時間。當然在這過程中，我們家三個孩子也在廚房裡造成了不少麻煩：大兒子幫忙顧火但是忘記時間，讓鍋子燒得焦黑，鍋裡的燉牛肉也只得進垃圾桶；小兒子打蛋掉到水槽裡，第一時間卻立刻逃回房間，讓人又好氣又好笑；小女兒打破碗而被割傷手，在又擠又熱的廚房嚎啕大哭。就算如此，老婆還是認為孩子們要進廚房幫忙，因為這是最貼近生活的機會教育。

孩子漸漸進入小學高年級的階段，我們也把廚房的學習提升一個程度，從原本幾乎與火源無關的準備材料，轉變為簡單的煎蛋、煮麵、炒飯等等，讓他們逐步瞭解瓦斯爐的使用方式與安全注意

◎在留意安全的前提下，可以讓孩子學習生活技能。

事項。第一次兩兄弟一起進廚房接受煎蛋教學的時候，大兒子很穩當，對於熱騰騰的炒菜鍋沒有什麼畏懼，敲開蛋殼，在老婆的指示之下，把火轉小，然後在適當的時機翻面起鍋，形狀顏色不是多麼完美，但已經算是非常不錯。

「哇！這是我第一次煎的蛋，我要趕快來吃！」頗有成就感的他，一邊吃著煎蛋，一邊等他弟弟上場準備看戲。

小兒子天性就比較膽小，除了穿外套保護自己不要被油噴到之外，蛋一打入炒菜鍋裡，就一手鍋鏟，另一手拿著鍋蓋當盾牌，實在是讓人發覷，看起來就像要去決鬥的唐吉軻德一樣，只是這次怪物不是風車而是炒菜鍋。小兒子因為緊張，很著急地就要去翻面，結果因此沾鍋，最後出來的成果，整個煎蛋形狀破破爛爛的，一點也不圓，大兒子馬上在旁邊嘲笑他：「你這是炸蛋吧！哈哈！」

「可以吃就好，圓的扁的還不是都是吃到肚子裡。」小兒子一邊嘟著嘴巴，一邊夾著煎蛋吃。

不管成果是好是壞，兩個孩子有了廚房用火的初體驗，久而久之，就慢慢進步了起來，或許不是料理天才，但是能夠煮麵、煮水餃，稍微照顧自己，也算是很不錯的成果了。小女兒當然就有樣學樣，進廚房學著怎麼煮菜，她倒是很有天分，不常下廚，卻很會做菜，每次端出來的料理，都讓我們很驚豔。

跟朋友說起我們教孩子進廚房這件事情，他們總會投以疑惑的眼光。通常聽到的第一個疑問是：「孩子年紀這麼小，學什麼煮菜？」然而最多人反駁我的是：「臺灣這麼方便，走到哪裡都是餐廳，要買吃的還不難嗎？何必非要孩子學做菜？」對於這點，我在當下也想不到有什麼好例子能說明孩子學做菜的好處，只覺得這是必備的

◎親子一起下廚，既有趣又可以讓孩子訓練廚藝。

能力而已。

後來，大兒子在南部唸大學，臺南的美食眾多，只要踏出門絕對無須煩惱吃的問題。然而，考試前夕挑燈夜戰的時候，大兒子沒有心力再出門去買宵夜，在外頭與同學分租公寓的他，就習慣在廚房簡單煮點麵吃，他喜歡吃鍋燒麵，也就買了一些簡單的專用鍋具。有一次他的室友餓了懶得出門，想跟他借鍋具來煮麵，大兒子當然很樂意借給室友，只是過了五分鐘左右，卻覺得廚房味道不對，衝去一看，才發現鍋燒意麵變成鍋燒木架，他驚訝地對室友說：「你怎麼連放鍋燒麵的木架也放在瓦斯爐上燒！？」

他的室友一臉疑惑且無奈地回答：「可是外面餐廳不是都這樣端上來嗎？」大兒子也只能一臉苦笑，趕緊把瓦斯爐關掉，把那燒成木炭的木架給處理掉。聽到他轉述這個故事，我們一家人全都笑歪了。

幾年前，小兒子出國唸研究所，帶著一本薄薄的食譜，就開啟了留學生省錢煮菜的海外生活，他常常在跟我們視訊的時候，端著一盤又一盤的好菜，炫耀著他的廚藝進步了。偶爾，他也會跟同是臺灣來的同學們聚餐，他們聚餐的慣例是一人帶一道菜，然而有些同學煮出來的菜，不要說口味如何，連下嚥都困難，馬鈴薯根本是生硬的，豬肉還帶血，水滾了就當作熟了，甚至還有人拿洗碗精去洗米，各種令人難以置信的狀況都有。當他透過視訊跟我們聊到這些時，那瞠目結舌的表情，真的是被他同學們的廚藝給嚇壞了。

校長爸爸的叮嚀

人生中從未預期過的狀況一一發生，我們從來沒有想過小孩或許會去外地唸書，甚至是出國唸書，這些都不在規劃裡，甚至不在孩子的計畫裡，**很多事情隨著時間在改變，既定的計畫永遠趕不上人生的變化。**但我相信有很多父母都想要栽培孩子出國唸書，希望他們得到更好的人生發展，然而在栽培的過程中百般呵護之後，孩子出國的那一刻，不但是即將面對陌生的環境，還得要面對陌生的獨立生活，煮飯、洗衣、打掃，這些家務簡直比教科書還要艱深，洗衣服還有洗衣機可以代勞，打掃頻率就算低一點也還能過得去，只有一天三次的用餐無法逃避，也因此讓煮飯成為許多現代留學生最煎熬的一段。

時至今日，孩子偶爾會捲起衣袖，到廚房做個拿手菜來孝順父母，或者是在旁邊當二廚幫忙媽媽準備食材。而我看著長大的孩子們的身影在廚房裡晃動著，未來的日子還很長遠，我無法預知他們將來會獲得怎樣的成就，或者是過著怎樣的人生，但是有一點我能十分肯定的是，**因為從小以來的生活學習，讓他們能夠不依賴任何人，自力更生**。

令人諷刺的，現在有許多人卻是書讀得越多就越沒有生活的能力，因為父母親只要他們專心讀書，讓他們放棄了生活之中其他事物的學習，於是連照顧自己的能力都不足，更別說將來要成家立業了。這是人類社會的進步還是退步？

親子守則
23
有捨有得，父母有時也必須放棄什麼

我們都清楚不可兼得的情況下必須選擇和放棄，父母要教孩子捨得，自己必須放棄些甚麼，不然大人做不到的事怎麼要求小孩？

大兒子高三要考大學的前夕，常常一回家就是倒在沙發上看電視，一看就是好幾個小時，怎麼講都講不聽，我跟他說了好幾次，與其在那邊看電視，不如早一點睡覺休息，他的理由倒很冠冕堂皇，總是會說：「我在學校上課很累，晚上又唸書唸到九點才從學校回來，看個電視放鬆一下很合理吧！」

這樣的理由說出來，實在也不為過，畢竟唸書跟休閒一定要有適當的平衡，心情上的調適也很重要，縱使我不能百分之百贊同他的行為，也不想反對，孩子

已經是個小大人了，該有自己的立場跟空間，父母親也該留點彈性，別讓孩子跟自己的關係太過於緊繃。

到了考試前幾個月，學校的課程已經提前結束，進入了所謂的停課期間，也就是所有的高三生不必再上課，也不必再到學校，這段將近一個多月的日子，可以自己安排進度，專心複習。學校依舊有對高三生開放教室提供自習的空間，但大兒子覺得都已經沒上課了，去學校只是唸自己的書卻又要被教官管東管西，再加上往返學校跟家裡的通勤時間、精神，還不如乾脆在家唸書。他講的這段話很有邏輯跟道理，我就贊同他自己在家看書。

◎孩子很容易被電視吸引，取捨之間要靠父母的智慧。

只是事情並沒有想像中的順利，我常常看到他在看電視，沒做其他的事情，問問比較早放學回家的小女兒，她回來的時候，哥哥在做什麼，得到的答案卻是相同的「看電視」。我覺得這樣不行，於是很認真的跟大兒子討論起來：「你這樣子每天看電視，到底有沒有在看書啊？我同意你以前說的，看電視放鬆一下比較好，但是你現在看電視的時間遠超過看書的時間，有點本末倒置了吧？」

「我有在看書啊，你們不用擔心啦。」大兒子有點敷衍的回答，一邊有點不捨地拿起遙控器關掉電視。

「如果你的自制力真的這麼差，那我們就會暫時把第四台停掉。希望你也為了其他人著想，不要讓所有人為你一個人犧牲。」我很明確地訂下界線，也表明了立場。

「好啦，好啦，我知道了。」他一邊回答，就一邊走上樓回房間了。

過了兩三天，大兒子還是一個樣子，成天躺在沙發上看電視，一點改變都沒

有，畢竟他還是個高中生而已，自制力還是不夠好，於是我在晚餐過後，跟大兒子說：「我之前就表明了，你這樣子看電視下去，我就會把第四台暫時停掉，那現在情況沒有改善，所以，從今天開始，大家都沒有電視看。」

他聽到這消息之後，似乎不覺得有什麼，反倒是回嘴說：「哎呀，幹嘛這樣勒？電視真的停掉的話，大家都沒有新聞看，妹妹沒有卡通看，媽媽沒有連續劇可以看，你跟弟弟最喜歡看的球賽也都沒得看，這樣太誇張啦，不用這樣子小題大作啦。」

「我們等於是為了你犧牲自己的權益，另外一方面來說，我們也等於是被你受到的處罰波及。我們就算平時講話的態度很

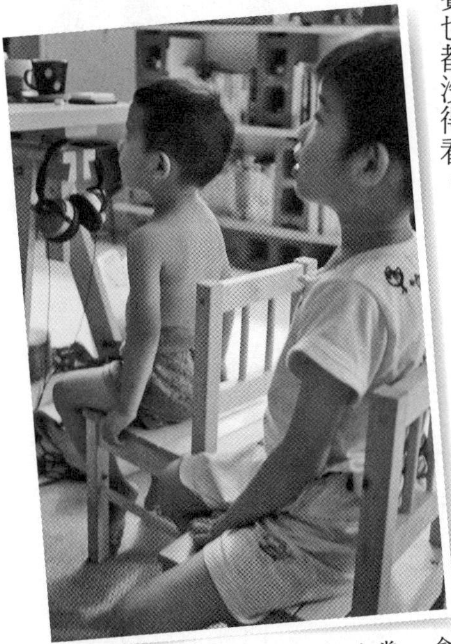

◎偶爾挑部好電影親子共賞，會讓孩子更專心並珍惜。

輕鬆，常常開玩笑，但是這件事情我可不是在跟你鬧著玩。」

「我才不信你們有辦法不看電視勒。」大兒子丟下一句話之後，就不繼續再說了。

隔天早上出門前，我也不想跟第四台的作業人員聯絡，自己拿老虎鉗把第四台的訊號線一剪，就出門上班了。

那天回家的時候，家裡特別安靜，原來少了電視的聲音之後，可以感覺這麼舒服，小女兒有點無聊地在旁邊看故事書，小兒子在廚房裡幫老婆做事情，沒有電視可以看的客廳，也就沒有大兒子賴在沙發上的光景。等到吃晚餐的時候，大家似乎都刻意不談第四台已經被剪線的事情，氣氛也沒有什麼太大不同，就只是少了電視聲音，心情感覺平靜許多而已。

沒有電視的那一個多月裡，我們在吃完晚餐之後，多了很多時間可以聊天，小兒子、小女兒也因此變得比較早睡，好像全家人的作息都變得比較健康了，至於愛看體育比賽的我，雖然只能從隔天的報紙看到比賽結果，也漸漸覺得，沒看到比賽其實也沒什麼好惋惜的。而要考聯考的大兒子，自從第四台剪掉之後，他就幾乎每天都出門去附近的圖書館唸書，也算是表現了對自己負責的一種態度。

校長爸爸的叮嚀

很多父母親的教育總流於嘴上說說，光用無盡的言語去教導孩子，並不能收到多好的效果，只會被孩子認為囉唆、嘮叨，就算除了口頭教訓之外加上實質的懲罰，孩子還是會有不平衡的心理。「為什麼爸媽可以，我卻不行？」這種想法真的經常發生在**青春期的孩子**身上，他**會認為自己已經是大人，該要獲得跟成年人一樣平起平坐的地位和待遇**。

當然，青春期還是很懵懂無知，還需要經歷很多的學習跟成長，然而**父母親除了不該繼續把孩子當作兒童來教導之外，更要體會一件事情，身體力行的教育，會遠勝過口頭訓勉**。孩子小的時候父母親說了算，每一句話都像是法條、聖旨一樣，長大之後，他會把父母親的所作所為看在眼裡，父母做不到的事情拿來要求他，只會讓他覺得父母親永遠就是出一張嘴，盡是對他做一些不合理的要求。

有的家長在對孩子要求的時候，最喜歡提「我以前唸書的時候怎樣怎樣」、「我小的時候有多怎樣怎樣」，這種話其實對孩子的影響力幾乎是零，甚至是負面的，那些好久以前的故事，說得太多，孩子可能還覺得你在吹牛，他沒有經歷過，也無法體會。

所以，身為父母親，也必須要懂得犧牲，有捨才有得。沒有什麼事情是不能改變的，讓孩子知道，對他的要求並不是無理，也不是荒謬的，在他的眼前做給他看，**父母親以身作則，絕對是最好的良方**。

孩子雖然是我們生的，但是跟我們並不一樣，要孩子比我們更棒，就不要替孩子設下框架，那只會限制孩子的成長和發展。

假日時，我們總是起得比較晚，偶爾甚至到了十點才起床，平常工作辛勞，假日好好補眠的感覺真的十分不錯。可是小兒子的作息就很奇怪，平日要上學，可以睡到七點四十分，才急急忙忙從床鋪上跳起來，一陣忙亂之後衝出家門，反倒是假日的時候，他六點就自動起床，開始在床上玩玩具，或者是在客廳看電視。

為了因應家裡唯一一個在假日早起的成員，我們總會準備一些麥片、可可等等方便沖泡的飲料在家裡，也會把人家送的一些糕點，像是喜餅、鳳梨酥、蛋黃酥之類的，通通集中放在一起，讓他在假日早起的時候可以找到食物，不至於一個人餓肚子等我們睡醒。

某一天的周日早上，我聽見房間外有不少聲音，接著，就是小兒子端著食物進來，他用喜餅的蓋子當作盤子，上頭放了兩杯麥片跟一些鳳梨酥，我跟老婆一看，不免都開心的的笑了。

「爸爸、媽媽，這是給你們的早餐。」他一邊把食物放在梳妝臺上，一邊轉頭對我們說著。

「好棒啊！竟然可以躺在床上就享用到早餐，簡直像住飯店，真好，真奢侈。」老婆很適時地給孩子鼓勵，我則是直接用行動表示，拿起鳳梨酥開始吃，小兒子做事情也很有頭有尾，我們吃完之後，他便接著收拾清理。就這樣，度過了一個愉快的假日早晨。

連續幾個假日，我們都享受著這樣幸福的早晨，有一天，老婆心血來潮問著小兒子：「我們下次可以選什麼飲料來喝呢？」

「我去看一看。」小兒子蹦蹦跳跳地跑下樓去看家裡還有什麼飲料，又蹦蹦跳跳地跑回樓上我們的房間。「還有濃湯、熱巧克力跟紅茶。」

「咦，不然這樣子，你下次拿一張單子來，我們用點餐的，你就不用爬上爬下這麼麻煩了。而且你幫我們準備早餐很辛苦，你也可以寫上價錢來收費。」我提議著。

「喔！我知道了，做一張菜單！」小兒子很興奮的回應著。

於是在用完這次的早餐之後，就看到他拿著紙跟筆東晃西晃，記錄著有哪些東西可以列入作為早餐的品項，抄寫完畢之後，他就拿著圖畫紙跟麥克筆，學著我跟老婆之前做POP海報一樣，開始做起超大張的菜單，他在寫著各式餐點的名字時，認真專注的程度，遠超過平時寫生字本，因此寫出來的字，也比平時好看許多。好不容易用超大支的麥克筆寫完文字的部分之後，他拿著筆頂著額頭，為了該怎麼定價思索很久，最後終於下定決心，把價錢一一補上。

隔週之後的假日，小兒子的無本早餐正式開幕，他得意洋洋地在我們面前展示了一張八開的菜單，當然他的定價都呈現了年紀還小的價值觀，所有的東西不是五塊錢就是一塊錢，只是我還是對他的菜單定價有一點疑問：「飲料怎麼都比食物貴啊？像是麥片還有熱巧克力，一杯都要五塊錢，可是一個蛋黃酥卻只要一塊錢？」

「因為飲料我還要去沖泡，你們喝完我還要洗杯子，可是蛋黃酥我只要拿來給你們，吃完之後，垃圾丟一丟就好。」

◎讓孩子學習動手作，更能體會別人的辛苦。

想不到他的定價雖然很像小孩，價格背後蘊含的意義卻很有邏輯。在點完餐之後，我跟老婆一邊在床上繼續討論小兒子的突發奇想，一邊準備好零錢，等「小老闆」上菜之後埋單。跟以往一樣，他用喜餅的鐵蓋子當作托盤，只是這次上面似乎多了不少東西，仔細一看，原來是用葵瓜子排成了小花一樣的圖案，想不到開始營業之後，竟然還加了擺盤，另一個角落，則是疊了幾張折得很工整的面紙，細心之處，讓我們十分驚訝。

「小老闆！很用心耶，又有擺盤，還有餐巾，很專業喔！」我稱讚著小兒子。

「沒有啦，現在有收錢嘛，所以要做的好一點啊，我們去外面吃飯，餐廳也都是這樣，要有點服務，才值得嘛！」他有點害羞，搔著頭回答。

很愉快地吃完這悠閒的假日早餐，小老闆也勤快地收拾一切，十分對得起他賺取的酬勞。就這樣，小兒子的假日早餐無本生意，經營了好一段時間。不過因為家裡的「庫存」食物品項經常變動，使得他不得不一直修改菜單，另外一點，是我跟老婆有時候真的會睡得比較晚，那他這個只有兩個顧客的生意，也就只能有一搭沒一搭的營業。縱使如此，那一段在床上享用小兒子準備的早餐的時光，真的很甜蜜，很有趣。

◎讓孩子學習動手為別人服務

校長爸爸的叮嚀

孩子的興趣在哪裡，有時候要藉著接觸各種不同事物去誘發。小兒子這一段經營自家早餐的經驗，或多或少也對他有些潛在的影響，長大之後，他在早餐店、咖啡館、西餐廳等等與餐飲相關的行業打工，也都做得十分愉快。他說，餐飲業的成就感很簡單，送上美味的飲食讓客人開心，看到那些微笑，自己就覺得很滿足。

另一方面，透過在餐飲業的打工經驗，他認識了很多同事，這些同事的類型，是在他的生活圈裡從來沒有遇過的，一路唸書到大學，環境都很單純，同學的背景都很類似，可是打工的同事各式各樣的人都有，這時候他才瞭解，原來社會上有著這麼多形形色色的人們，在跟這些同事的相處之中，他學習到如何包容各種價值觀與想法，用客觀的角度去聆聽每一個人，去理解每一個人不同的生活方式。在這些經驗的體會下來，使他成為一個很圓融的人。

就從小時候的無本生意假日早餐開始，「小老闆」發掘了自己的一個喜好，或者說是興趣，而這個興趣又帶給他價值觀的建立、人格的再塑造，這一切或許是命運，也或許是自然的發展，給了孩子足夠的空間，讓他去探索這個世界，不就是我們當父母所該做的嗎？

不要給孩子框架，不要給孩子設限，更不要逼著孩子在父母親所鋪的道路上行走，那不是教育，那不是用心，那是把孩子當成布袋戲的玩偶一般操弄著。讓孩子自由發展接觸各種事物，他所得到的，會使父母親驚訝，原來我的孩子可以這麼棒。

親子守則
25
風平浪靜的港口造就不了成功的水手

在家日日好，出外步步難，正因為如此，孩子在外的學習會更實際有效，作父母的不要不放手，不要因為過度保護反而剝奪了孩子學習的機會。

孩子考完大學聯考之後，我建議他們可以去打工。去做工讀生並不是因為家裡環境不好，需要額外的收入來支付學費或是生活費，我只是希望他們在這樣的過程之中，可以去學到一些在學校體驗不到的事情，學校縱使是一個社會的縮影，還是缺乏了許多元素，學生在校園裡其實被保護地很好，甚至是被過度保護了。有著工讀經驗，認識各式各樣的人，甚至是交往各種不同年齡的同事、朋友，會實實在在拓展不同的視野，也能體會到各種相異的價值觀。

因此，每一個暑假，孩子都會自己去尋找打工的機會。而大兒子在南部唸大學，通常放長假才會回來，我們一家人愛聊天，難得聚首，坐在客廳，一邊喝茶，那當然是天南地北的談論各種話題，也就提起了他在暑假的工讀經驗。

「喔，這次暑假打工的經驗太特別了，我在臺南賣CD。」

「薪水怎麼樣？」

「完全沒有底薪，我們是靠著業績的所得去抽成。」

「那怎麼划算？好賣嗎？是賣什麼CD？」老婆似乎有點擔心，很怕孩子被人利用，賣的是盜版的物品，一口氣問了一大堆問題。

「我們公司是賣那種單純的音樂CD，不是流行樂也不是有人唱歌的那種，很多廣告都有用我們的音樂。」

「這個不好賣吧？你怎麼會想要去做這個？」老婆繼續往下問著。

「我當初是看中這公司有三天的訓練課程，教導我們怎麼樣去推銷的技巧，雖然沒有底薪，這三天的課程對我而言也是免費的訓練，很划算啊。」大兒子得意洋洋的說。

我一邊佩服他勇於挑戰業務工作，一邊隨口問問他業績如何。他的答案讓我們還蠻驚訝的：

「一套都沒有賣掉，我還因為這樣，每天回公司都被經理和幹部留下來特別指導，他會要求我們重複一遍推銷的技巧跟方式，其實我說的內容跟表達都沒有什麼問題，大概就是運氣不大好，而且那一套CD的價錢本來就不便宜。」大兒子的業績是零，話語中卻聽不到一絲的氣餒。

「兒子你真是辛苦，做了半天白工，卻什麼都沒賺到。」老婆用著有點不捨的語調，安慰著兒子，可是兒子立即反駁他媽媽：「怎麼會沒賺到！我原本就是要參加那三天免費的訓練課程，參加完畢就等於達到最基本的目標，每天回公司都被留下來加強訓練，這更是額外的好處。」

「賣CD的過程很辛苦吧？」我詢問著。

「是還蠻辛苦的，大熱天背著一大袋的CD沿路推銷，CD雖然沉重，跟遇到的客人相比起來，真的是不算什麼。有些比較客氣的人，跟你說聲謝謝沒有需要，差一點的，一邊說不必一邊趕你走人，最糟糕的是，有些人一直對著你罵，罵說業務賣的東西都是騙人的，品質不好又沒有保障，我還曾經遇到一個客人甚至直接罵髒話出來，頂著大太陽，背著沉重的CD挨罵，真的不是令人舒服的事情。」大兒子一口氣說完，話說是不舒服，卻顯得越說越興奮。

「兒子你真的太傻了，這樣的工作你還願意去做，你們公司也一定知道CD很難賣，才會故

◎孩子透過體驗生活，累積人生智慧。

意讓你們這些大學生去銷售，不用付你們底薪，可以節省成本。」老婆有點氣憤地說著。

「不管公司怎麼想，我覺得大家各取所需吧。除了剛剛講的課程之外，在外頭面對客人的經驗，對我而言也是十分寶貴，算是這次打工賺取的報酬之一吧！」大兒子的回答之中，還帶有一種驕傲的氣息。

經過這一番的談話，我感到很驚訝，還在唸大學的他，不僅僅是有自己的主見而已，想法也已經十分成熟，他試圖去探索自己的興趣，去加強自己的能力，去磨練自己的個性，這是很多人一輩子做不到的事情，但才二十歲的出頭他已經踏上征途，挑戰自己的極限。

大部分的父母親，若是家中經濟情況允許，總是希望孩子好好唸書、在學校認真學習就好，聽到孩子要去打工，通常是百般推辭，真的說不過孩子的，就希望他找一個坐在辦公室吹冷氣，不要太過於辛苦的工作，如果孩子回家抱怨有關工作上的瑣事，做父母的立刻就希望孩子不要繼續做了，還會告訴他家裡不欠這一點錢，不用去外頭這麼辛苦。這是現今社會為人父母心疼孩子的一種常態。

校長爸爸的叮嚀

學校的教育是有限的，課本的知識只能應用在專業之上，出了社會需要的能力，並不是只有智商的高低、學識的淵博與否，**與人進對應退、情緒的控制管理、壓力的承受，這些是在學校面對不到的事情**。因此，出外打工除了能夠觀察到人生百態，對於社會化的磨練，也是十分有幫助的，在進入職場之前，先來好好預習演練一番，往往是利大於弊的。

然而，家庭經常是影響孩子成長最關鍵的因素。我們常說：「家，是永遠的避風港。」很多父母卻誤解了其中的意思，孩子出外受了一點挫折，就叫他回到港內，不要再去挑戰那波濤洶湧的大海；有的更極端的父母，把孩子永遠綁在風平浪靜的港口裡，外頭是雨是晴，孩子從來不理解。孩子要出去探索，才可以漸漸找到自己想要的方向，逐漸成長的孩子不出去冒險，怎麼可能長大變得足以獨當一面。家，要成為孩子吐苦水的場所，**家，要成為支撐孩子的力量，但不是一個與世隔絕的碼頭。**

如今，大兒子已經進入職場多年，當年讀理工科的他，如今從事著業務工作，一切都做得十分上手，當年賣CD的三天免費訓練課程，對他後來的職業選擇，或多或少有影響，也因為他當年自己尋找的打工經驗，我從不擔心他在工作上會有遇到任何關卡，從他賣CD的動機、過程和目標之中，已經很清楚得看到，他是一個會去積極調整自我，面對壓力可以應付自如的人，就算在他的面前有什麼難關，我相信他肯定可以迎刃而解。

旅行讓人增廣見聞，它和讀書一樣重要，帶著孩子用腳、用眼睛學習，用心認識自己生長和生活的地方，這是最實際的。

每年，三五好友總會邀約一起帶著家人來個臺灣環島，因此，孩子從很小的時候就開始跟著我們到處玩，我們的旅行向來不是什麼豪華行程，開車載著帳篷、軟墊跟睡袋，每到一個地方，就在附近的學校借場地紮帳篷，通常學校也沒有浴室等設備，在走廊上的洗手臺，接一根橡皮管就開始洗澡，可以說是很克難，然而卻永遠都充滿各種樂趣。

跟孩子的同學相比之下，很多人的環島旅行是住在大飯店，去尋找當地的美食，或者是在知名的遊樂園嬉戲，這樣的行程的確很棒，偶爾也讓我家小孩感到羨慕。然而如果永遠都是這樣的行程，就顯得單調乏味。不同的飯店和遊樂園，設備再怎麼說也是大同小異，美食之旅當然很好，可是能帶來的感動卻總是侷限在味覺上，難以在生命的軌跡留下紀錄。帶著孩子出門的每一趟旅行，應該有著不同的風貌和目的，偶爾是悠閒的度假，用比較輕鬆寫意的方式走馬看花，有時候是深度的旅行，踏進沁心冰冷的溪水，走入香火鼎盛的廟宇，豐富多層次的閱歷，才會增養孩子的內涵。

◎透過旅行，帶孩子認識自己生長的土地吧！

我們的旅遊行程通常都很貼近大自然。沿著河谷撿石頭，尋找著蛇紋岩、台灣軟玉、玫瑰石、西瓜石，孩子也理所當然地跟在我們身後學著撿石頭，餓了，我們就躺在樹蔭下的大石頭，輕鬆的吃著隨身攜帶的簡單食物，累了，就在河邊稍事休息，看著孩子們仍舊精力充沛地戲水。也曾經下探陡峭的溪谷，尋找那清幽雅致的野溪溫泉，用石頭堆起小小的池子，將炙熱的溫泉與冰冷的溪水混合，孩子跟著我們一起在大自然裡泡湯享受。

在海岸邊，無論是泥灘、沙灘、礫灘或岩岸，各有各的樂趣。。黏軟的泥灘上，用小小的耙子挖掘躲藏其中的貝類，樂趣無窮；細緻的整片沙灘，孩子雕塑著夢想中的城堡，蓋起長長的護城河去對抗浪潮，捍衛著自己親手建立的作品；礫灘充滿著許多最好的打水漂素材，我們跟孩子一同尋找扁平的石頭，向海平面擲去，比賽誰能打出最多的水漂；岩岸的大石頭是最神奇的國度，因為海水侵蝕的差異而出現各種魔幻地形，令人驚奇不已。退潮後留下的許多小水漥，各式各樣的海中生物仍在其中嬉戲，像是個迷你王國。

山上也有很多樂趣，在登山的步道之中，享受著森林浴所帶來的神清氣爽，沿途跟孩子討論著各種植物，提醒他們哪些是有毒的，哪些又可以在野外求生的時候成為救命的及時雨。在高山上，欣賞著山嵐的迷濛之美，彷彿一切都被籠罩在虛無飄渺之中，眺望著雲海的美麗，像是成群的綿羊，漂浮在海拔一、兩千公尺的高空，低頭吃草，雲瀑從山巔一湧而下的壯闊場景，更是讓人驚歎連連。

◎和其他家庭一起出遊，也是另外一種愉快的回憶。

除此之外，我們也少不了安排一些參觀行程，宜蘭傳統藝術中心、屏東海洋生物館、臺中自然科學博物館，幾乎是每年必去的地方，淡水紅毛城、臺南孔廟和延平郡王祠、鹿港摸乳巷和天后宮、彰化大佛、大甲鎮瀾宮，這些歷史古蹟，我們也帶著孩子走過好幾遭。

透過環島旅行讓孩子認識了臺灣，也增進了很多知識。我還記得有一次在一大片沉積岩壁之前，小兒子跟我說的一段話：「爸爸，我以前看自然課本，說到沉積岩就像蛋糕一樣，一層一層的堆積上來，課本說的概念我可以理解，可是我也就一直以為沉積岩的大小跟蛋糕沒兩樣，想不到可以這麼巨大。」不僅如此，在瑞穗的北迴歸線紀念碑前，課本上敘述的場所，就呈現在眼前令人更加記憶深刻；花蓮太魯閣雄偉壯麗的山川景色，除了印證學校讀到的知識以外，也在心中留下對「一線天」的震撼。

在孩子長大之後，過往的那些環島之旅，影響逐漸發酵。小兒子跟朋友去到花蓮泛舟，他知道秀姑巒溪是因為下游河川不斷向上侵蝕截流而形成的，也是唯一一條切過海岸山脈的溪流，對他而言像是常識一樣的內容，在他朋友聽起來卻是學識淵博。大兒子在臺南唸書，跟著同學去億載金城遊歷，同學們很多都不理解為何一個防禦的砲臺會蓋在內陸，他說出一段臺南內海沉積導致現今的海岸線改變的解釋，讓他同學驚為博學之士。

校長爸爸的叮嚀

學習了許多地理的課程，可是我們的家園「台灣」到底長什麼模樣，很多人一點概念都沒有。臺灣是個不大的海島，各縣市不同的鄉鎮市，城市的模樣其實大同小異，可是在郊區的部分，就各有特色。有的是一望無際的平原，有的是高低起伏各式丘陵座落其上，有的是高山聳立入雲霄，更別說是海岸線了，臺灣豐富的海岸變化，在不遠的距離之中，就可能從沙岸變成岩岸，有風平浪靜的潟湖，更有著有著浪花激昂的岬角，美不勝收。

「讀萬卷書不如行萬里路。」對於孩子而言也是一樣，書本上的文字描寫是僵硬的，圖片也只是局部的景象，即使在網路上看過一百張照片，也沒有辦法輕鬆拼湊出全貌，透過親眼的印證，不僅能夠強化印象，更可以理解到**學習的目的不是只為了考試，其實我們學的許多知識都與生活息息相關。**

當然，我們從小背誦著歷史和地理，是為了考試，因此，多數人讀了好多年的書，但還是不甚瞭解臺灣真正的面貌和故事。所以如果我們真的愛臺灣，不要只是激情的搖著國旗、吶喊著口號，**要認識臺灣，要瞭解臺灣，請在有空的時候，帶著孩子用腳走，用眼睛看，用心去感受我們美麗的家園。這不只是旅行，更是對自己生長土地的一份真愛。**這是對孩子很重要的教育。

小孩不會永遠是小孩，作父母的要清楚孩子會長大，而且一定要長大，他們學習就是為了長大，他們遲早會離開家。

大兒子從幼稚園開始，就在畫畫班學習才藝，東塗西抹對他而言，還算蠻有興趣的，也就這樣一路學了很多年，他的畫作如果有不錯的，我們也會拿去裝框，然後掛在他房間裡當裝飾。孩子的想像力真的很豐富，看到那些作品，我們常常會對其中的創意和表現方式感到自嘆不如。

長期持續的練習，對孩子來說總是會有些單調，畫畫班的老師除了每周都要變換主題跟素材之外，也會幫孩子報名各式各樣的戶外寫生比賽，給他們目標

才有進步的動力。戶外寫生比賽，等同於是一場親子踏青活動，通常比賽的時間都要好幾個小時，我們得先準備好童軍椅、畫架、畫筆、顏料和洗水彩筆需要的小塑膠桶、清水等等，除此之外，也必須準備好點心、飲料還有午餐。比賽的時候，大兒子在那邊認真揮舞畫筆，我們偶爾看看他的進度，大部份的時間，就帶著小兒子到處跑跳，或者是跟其他帶孩子參加比賽的父母聊天。

得獎並不是參加寫生比賽最重要的目的，但是得了獎總是很令人愉悅。主辦單位通常也會舉辦簡單隆重的頒獎典禮，發放一些獎狀或獎牌，偶爾還有一些額外的獎

◎畫畫可以讓孩子發揮創意。

品。大兒子參加比賽得獎，拿過不少佳作，也拿過幾次前三名。有一次，他奪得該分組的第一名，我們當然還是開開心心去領獎，幫他稍微挑了比較正式一點的服裝，打理好，讓他帥帥氣氣地出門，頒獎會場的感覺很不錯，只是獎品讓我們有些出乎意料，除了一些精美的套裝文具之外，竟然還有一個三天兩夜的美術夏令營。典禮結束後，我們決定去外面吃個飯慶祝一下，在等著上菜的時候，不免拿著參加回函，對美術夏令營這件事開始討論起來。

「你會想要去參加這個美術夏令營嗎？」老婆打探著兒子的意願。

「當然啊！」他很認真地回答。「這是我得了名才有的獎勵，如果不去，那我有沒有得獎不就沒有什麼差別了。」

老婆看了看手上的回函，又問他說：「這個美術夏令營只有得獎的小朋友才能參加，爸爸媽媽是沒有辦法去的，而且又不在附近，你中途就算想回來也沒辦法喔。」

兒子好像有一點動搖，老婆又接著說下去：「雖然會有很多其他的小朋友，卻沒有一個是你認識的，等於是跟一群陌生人在一起三天兩夜，這樣你還想去嗎？」

他聽完這些話，神情有點遲疑，口氣卻依舊堅定：「嗯，我還是想去美術夏令營。」

既然兒子心意已定，我們當然是尊重他的決定，把參加回函填好，在慶祝完畢的路上，找個郵筒寄回去給主辦單位。隨著夏令營的時間接近，兒子在我們的協助之下整理著出門的行李，只見他一臉興奮的神情，對於夏令營似乎相當期待。當天一早，跟老婆開車載著他到火車站前面的集合點，那裡已經有一群小朋友，由專門帶營隊的大學生照料著。當時就讀四年級的兒子，就這樣背著一個包包，往大哥哥、大姐姐的方向走去報到，然後跟我們說再見。

老婆的擔心，在回程的路上就開始展現，先是擔心營隊的餐點不知道怎麼樣，接著又煩惱住宿的品質好不好、辦活動的場地會不會下雨，基本的煩惱完之後，老婆又開始東想西想，那些大學生到底辦活動的能力怎樣，可不可以照顧好小朋友們，夏令營的內容是不是很無趣，兒子去到一個陌生環境裡，會不會交不到朋友，很孤單害怕。我安慰老婆，在這邊想得太多擔心的太多也沒用，只要兒子記得打電話來報平安就好。

焦躁的情緒就這樣煎熬到晚上七點多，兒子終於打公共電話回來報平安，聽他話語中的口氣十分亢奮，應該是玩得很開心，老婆還是把吃得好不好、睡得地方怎麼樣，按部就班問了一遍，但是兒子說還有其他小朋友等著要打電話，最後在老婆叮嚀著他要好好洗澡早點睡覺的話語之中，電話結束了。老婆經過跟兒子的簡單談話，至少是安心了許多。

接下來的另外兩天，老婆三不五時還是會有點擔心兒子的情況，不知不覺就跟我碎碎唸起來，說真的，四年級的孩子已經不算太小，可以自己照顧自己，不過仔細一想，他才十歲就一個人去參加營隊，老婆的擔憂也是有其道理。只是一直煩惱，也改變不了現狀，只要兒子每天報平安的電話沒有大問題，我也就不去想太多。

終於，三天過去，我跟老婆在車站前等待著兒子的身影，只見他與一群小朋友熱烈的聊著天，看到我們之後，就用力揮舞著手彼此告別，他慢慢地向我們走來，不知道為什麼，僅僅三天的時間，兒子感覺長大很多，是高了點？還是胖了點？或許是臉上的神情成熟了吧！

◎孩子的笑容永遠最迷人。

他一上車，就興高采烈地展現出他的戰利品：「爸媽你們看，我的朋友們留了電話給我，我們說好了之後還是要常常保持聯絡。」他手裡拿著一本小筆記本，裡頭確確實實寫了很多人的名字和電話。

他指著其中一個名字，又繼續接著說：「他是我最好的朋友，我們一開始被分到同一個小隊，後來我們也都一起吃飯，一起合作比賽，超級好玩的。」

我跟老婆找不到太多機會插話，就聽著兒子滔滔不絕說著整個夏令營的經歷，營火晚會的表演、團隊競賽的趣事、夜間探險的緊張、躲在被窩的鬼故事，原本不熟的陌生人們，一下子變成最親密的戰友、最要好的夥伴，還有那些大哥哥、大姐姐們親切熱心的照料，好像是真的自己的哥哥、姐姐那樣要好，到了要離別的最後一天，大家都依依不捨著離別，彼此叮嚀著要常常聯絡。

校長爸爸的叮嚀

實際上，他們那些夏令營的朋友，後來並沒有持續交往，隨著時間過去，這也只是孩子成長中許多事情裡的一件而已。可是一個十歲的孩子獨自進入一群陌生人之中，體會了那種在不熟悉環境該怎麼適應的過程，他的勇氣實在可佳。**就像是雛鳥學飛一樣，某個沒人確定的時刻到來，在他自己也不確定的情況下振翅一飛，就能獨立離巢了。**

但是我們作父母的總是多慮，總是不放心。其實，仔細想一想，別的孩子也是這麼大，**人家可以做得到，為什麼我們的孩子無法做到？人家夠堅強，為什麼我們的孩子是脆弱的？**如果我們相信自己的孩子沒有比別人差，那還在擔心甚麼？當我們這麼想著，一切就豁然開朗了。

應該慶幸的是孩子有這麼一個機會，而他勇敢的選擇了「把握」，於是踏出的腳步，讓他可以離開窩巢，看到外面的世界，去做不同的體驗和學習，真是棒極了。而我們作父母的也學著逐漸要面對孩子長大和離開，從放心到放手，這是為人父母的功課。

親子守則 28
小孩子也有感受、思想和哲學的思考

作父母的不要以為孩子小，甚麼都不懂，有時孩子的邏輯和思考，遠超過大人的想像。因為尊重，會激發出孩子更強大的成長力量。

秋冬的寒冷氣溫，總讓人躲在家中不想出門。可是寒天裡也有著美好景象，那變色的楓葉，給臺灣常綠的山景增添了最為優雅的點綴。楓葉雖然偏向單一色系，不比百花盛開時花團錦簇的華麗，但紅色、黃色、褐色的漸層，也替秋冬蕭瑟單調的風光，調配出一片詩情畫意。

帶著孩子四處出遊，觀賞自然的美景，是我們家經常做的活動，那又怎麼能夠錯過秋冬賞楓葉的行程。經過向朋友的打聽，選擇離我們最近的景點，據說北部橫貫公路上因為海拔比較高，氣溫相對低得多，楓葉也就特別的紅，因此，我們就以北橫為目標，開啟了賞楓之旅。

那是一個天公作美的大晴天，在多半寒冷潮濕的冬季來說，有陽光的日子是多麼難得可貴，也不枉我們假日的一大早就從溫暖的被窩裡爬出來，光是這個好天氣就已經值得了。往北橫的路上，車潮不算擁擠，我們車行進在樹蔭與樹蔭之間的光影遊戲裡，蜿蜒的山路讓人感覺並不沉悶，孩子對於賞楓葉這種事情，或許還沒有什麼體悟，只是單純對於出門遊玩感到很開心，然而他們還是想知道到底今天要做些什麼。

「爸爸，楓葉有甚麼好看？」大兒子問道。

「楓葉變紅之後很漂亮啊，我們去看一看，也順便拍幾張照片。天氣這麼好，出門正好不是嗎？」

「那我們要幹嘛啊？」小兒子接著問，看來兩兄弟對於賞楓這件事情真的還不大能理解，我於是想到一個好主意。

「你們啊，你們可以去撿楓葉啊！有的人會撿楓葉來壓平、蔭乾之後，當作書籤來用，你們也可以找找看自己喜歡的楓葉來做看看囉！」

孩子們聽到之後變得很興奮，能夠自己親手撿拾楓葉、做成書籤，似乎還蠻吸引他們的。終於經過了大約一個小時的車程之後，我們到了第一個定點，遠遠就看到有些黃澄澄的楓樹，趕緊把車停好，下去走走。我們找了一個景色還不錯的位置，開始拍照，但是老婆跟我都對於這些不夠紅的楓樹感到有點失望，拍起照來當然也是有點意興闌珊，兩個小孩拍完照就四處低頭找楓葉，拿了滿手，就跳上車來。

離開不夠令人滿意的楓葉，我們繼續往山上開，途中竟然看見一棵特別紅的楓樹，於是我立刻將車停在一旁，讓大家下車看看，孩子們很高興地撿拾著楓葉，把剛才拿上車的楓葉又拿下去淘汰不少，此外，他們發現路邊的山溝裡水清澈地令人難以置信，裡頭竟然還有小魚在其中自在地游著，兩兄弟就蹲在路旁看了許久。

中途的停留並沒有太久，當我們到達第二個地點時，每個人都笑開了，而且驚呼聲連連，更高海拔的地點，更低的氣溫，就換來了鮮紅的楓葉，走出車廂迎面而來的是寒冷的山風，還好可貴的冬天暖陽仍舊，兩個孩子興奮地到處亂跑，應該也不覺得冷吧。大兒子拿著兩片楓葉跑來對我驚呼著：

「爸爸！你看！楓葉有三個角跟五個角的耶！我兩種都要撿回去做書籤！」

「好啊，但是也別撿太多了，到時候你可能沒辦法做這麼多張書籤呢。」我提醒著他們兩兄弟，因為後座已經堆積了不少楓葉。

我們消耗了相機裡所有的底片，嘗試著去捕捉楓紅的美景，想要留下一點這個季節的美好，我跟老婆在楓紅林蔭下散步聊天著，享受難得的兩人時光，兄弟倆則是繼續到處亂跑，搜尋著喜歡的楓葉，撿了又丟、丟了又撿，樂此不疲，老婆也挑了幾片楓葉握在手上，想要等著回家的時候，陪著孩子一起做書籤。

天色漸漸轉暗，夕陽染紅了天空的畫布，與滿山的楓紅相互映照著，風景明信片一般的景色，就這樣呈現在眼前，令人如癡如醉，捨不得離開。可惜，太陽下山的速度總是飛快，在冬天的北橫公路上，一旦失去了陽光，便覺得寒冷地讓人受不了。但是我們滿載而歸的小小車廂裡，隔絕了低溫，充滿著溫暖的幸福，孩子們在後座細數今日的戰利品，一一展現自己的收藏，敘述每一片楓葉被選中的原因，聊著聊著，小兒子突然長聲嘆了一口氣。

「怎麼啦？今天玩得不開心嗎？」我透過後視鏡看了他一眼。

「爸爸、媽媽，這個世界上真的沒有十全十美的事情喔。」他用一副很成熟的口氣說著。

「你為什麼會這樣想呢？」老婆追問著。

「你看，我們撿了這麼多楓葉，可是卻沒有一片是百分之一百的完美。」

我跟老婆聽到他的這一番話，著實嚇了一跳，才低年級的小兒子，竟然從撿楓葉這樣的小事之中，可以衍生出如此成熟的想法，不過在驚訝之餘，老婆還是很認真地給小兒子答覆。

「完美的東西不見得比較好，如果今天給你一片完美的楓葉，感覺是不是就像假的一樣？雖然每一片楓葉都多少有缺陷，可是這些缺陷讓每一片楓葉更有自己的特色，更有真實感。就像爸爸、媽媽也不是完美的人，我們有缺點，可是這些缺點成為了我們獨特的原因之一。」老婆迅速的反應，有條理地給了小兒子對人生的解釋，也讓我們這一趟賞楓之旅，多了一層學習人生道理的意義。

◎和孩子一起感受與欣賞大自然的變換。

校長爸爸的叮嚀

年紀小的孩子，受到社會規範的影響尚淺，沒有框架去限制他的思想，許多時候在天馬行空的思考之中，產生了令人驚訝的體會與感想，這些價值觀和邏輯的形成，因為是他自發性的，遠勝於從書本上的學習，或者是大人口頭上一次又一次的重覆叮嚀。這就是情境教育的影響力，而孩子的領悟，如此由內而外的學習，總是印象最為深刻。

帶著孩子接觸各種事物、從事各種活動，藉由經驗的累積，他會漸漸產生自己的想法，有著自己對世界事物的觀察和感想，這是非常重要的一件事情。每個人都是獨特的個體，該有著獨特的人生，**有自己的體悟和想法，這是創造力和生命力的來源，也是孩子成長中最棒的能量和基礎。**

如果一個孩子的想法和價值觀都是來自父母的教導和傳授，全然沒有著自己的想法，那他頂多只是父母親的複製品，將來的成就當然也就不可能突破，更不可能超越父母，也就是説如果是如此，那作父母的也別期望太高了，因為一個沒有辦法自己思考的人，已經被限制在既有的框架裡走不出來，如同一隻困在水池之中的魚，怎麼可能成為一條遨遊天際的龍呢？

教養小孩真的不是關起門來的事，要相互協助，要互相觀摩，有好朋友相互幫忙，會讓孩子有更多更廣更好的學習。

我們與朋友平時就會互相照應互相支援，年紀差不多的孩子去參加同一個畫畫班、書法班、英文班，只要講好，就有人負責去把幾家人的孩子一起接回來，幾個朋友家也都住得不遠，要再把孩子們分送回去也不是難題。偶爾臨時有事，就把孩子放在朋友家裡，不用擔心安全問題，而小孩們聚在一起也覺得開心。

暑假一到，所有的小孩都期待出門去玩，卻不是每一個大人都能有空閒時間，於是我們這種與朋友共同照顧孩子的模式，就產生了很大的功效。暑假中的每週我都會抽出一天，帶著兒子們跟朋友的小孩們，一起去游泳池玩水消暑，幾個孩子的程度不一，有的人已經是游泳健將，有的人卻連憋氣打水都不會，我也就充當起了游泳教練，稍微指導一下他們。

大兒子學游泳起步比別人晚，但是對於水已經沒有太多恐懼感，所以他很穩定有效率地在進步著，小兒子則是逃來逃去，無論怎樣都不肯讓我教他學游泳，朋友的小孩則是已經很純熟地游著蛙式、自由式，不需要指導太多。游泳一陣子之後，孩子們就開始在泳池裡玩水，紅綠燈、鬼抓人、木頭人等等，嬉鬧的聲音不絕於耳，開心極了，玩累了之後，我就帶著他們到附近的小吃

◎和朋友一起出遊，讓孩子增廣交友。

店吃些東西，連晚餐也一併解決了。

有一個朋友喜歡釣魚，當他帶著孩子們出遊活動，無非是釣魚、釣蝦等等。釣魚需要耐心，孩子總是會覺得不耐煩，很難就這樣靜下心來等待，朋友於是改變做法，帶著孩子們去釣鰲蝦，釣鰲蝦的工具很容易準備，只要有綿線就已經足夠，再加上用豬肝當作餌，鰲蝦就會前仆後繼地被引誘上鉤。在田邊的水圳旁釣鰲蝦並不難，孩子們一下子就釣到一堆鰲蝦，有趣的是，釣上來要怎麼抓進桶子裡倒是要有一點技術，所以經常釣起鰲蝦上來，卻沒辦法抓進桶子裡，只得讓它們滿地亂爬，甚至逃回水圳裡。

每一次釣鰲蝦的行程總是收穫滿載，然而滿桶的鰲蝦並沒有要帶回家，最後朋友總是會領著孩子們一起把水桶裡的蝦又放回水圳，孩子們當然不捨，再怎麼說那也是他們辛苦一整個下午的戰利品，眼看著成群的鰲蝦一下水就立即消失蹤影，多少都還是有些落寞，不過這也是一種學習。

偶爾在週末時，我們會帶著孩子到朋友家泡茶聊天，大人們在樓下客廳暢所欲言地閒聊著，幾個小孩子則是在樓上打起花片大戰，用裝在塑膠袋的棉被當成沙包，建立起兩個基地堡壘之後，拿著花片當作武器互相轟炸，遊戲規則簡單卻樂趣十足，兒子們總是玩到滿頭大汗還不願罷休。

然而一旦聽到我呼喊他們回家的聲音，花片大戰嘎然而止，所有的吵鬧跟喧嘩瞬間轉為寂靜，上樓一看，兒子們跟朋友的小孩們，四個人用各種姿勢躺在地上呼呼大睡，縱使看到好幾雙眼睛不時張開偷看，我們還是假裝認定他們已經熟睡，我跟老婆就先回家，隔天再來接他們。朋友很歡迎孩子們在他家裡過夜，只是棉被還沒鋪好，小鬼頭們就自動醒來，繼續炮火猛烈的花片大戰，結果到最後，真的是東倒西歪各自

◎幾個家庭一起出遊，可以互相照顧和學習。

睡在地板上，手上還握著一把又一把的花片。

有時候朋友要出國旅遊，就把孩子寄放在我們家幾天，幾個小朋友湊在一起，顯得特別熱鬧。傍晚，我總會帶著一群小鬼頭們到離家不遠的學校運動場去玩，只要一顆籃球，比賽著簡單的滿江紅和宰羊，原本有些枯燥的投籃遊戲，因為人多而變得競爭激烈，充滿趣味。偶爾，帶著小蘿蔔頭們，到附近有著一大片翠綠草坪的大操場放風箏，那彩色的風箏在天際飛翔，小朋友的驚嘆聲、歡呼聲也不絕於耳，原本放風箏飛到天上對孩子來說有點太難，操控已經飛在空中的風箏又有些無聊，只是人一多，想不到大家就開始爭先恐後排隊要操控風箏。不僅僅如此，在家裡，兒子拿出來一些平時早已經玩膩，幾乎就只堆在櫃子裡的各種遊戲和玩具，這下子因為有了伴，突然變得樂趣十足，一群孩子待在一起，總是能從各種地方發掘出玩樂的點子。

有時候，從朋友家回來，孩子會跟我說，很羨慕別人家的小孩可以買什麼玩具、打什麼電動遊戲，又或者是他們比起我們家不必哪些規矩，而我，當然會回問他們一句：「那你想當他們家的小孩嗎？」孩子們仔細想一想之後，總是搖搖頭，不得不承認：還是比較喜歡自己家。這又是另一種學習，比較不能只挑一、兩項事物，必須全面性的看待，綜合全部的事項，才會考慮得更清楚。

校長爸爸的叮嚀

好朋友之間共同教養孩子，所能得到的協助很多，光是互相幫忙，互相支援照顧孩子們這一點，就已經可以減輕無數的壓力，在這個總是被時間追著跑的現代社會裡，有這樣一點緩衝空間，可以放鬆和放心，真的會讓緊張的生活步調輕鬆許多。

還有，孩子們到彼此的家裡作客。作主人時，要學著當主人該有的氣度，慷慨分享自己的玩具，得幫忙照顧客人的需求；作客人時，也要學著當客人該有的禮貌，不能像在自家裡那樣隨興，要表現出適當的應對進退，這正是與人相處的練習，是很棒的人際關係學習。

當然，孩子到別人家的時候，會看到他人的父母怎麼樣教育他們的孩子，也許有些部分他們會羨慕，有些部分，他們也會覺得不能理解，因為自己的家裡規矩可能完全不同，但是從這樣默默的體驗之中，他們會知道這樣的不同沒有什麼所謂的合理不合理，很多時候，是家庭生活方式的差異而已。

當別人的孩子來到我們家中時，透過對他們的教導，或是從他們的行為去觀察，我跟老婆也會思考，對於自己小孩的教育是不是太過於嚴苛，又或者是在某些部分過度的溺愛。**在這種交互教養的過程之中，不僅僅是孩子學到看到很多，身為父母親的我們，也因此學習成長。**

學校課程只是學習的一部份，作父母的應該清楚，真正有用的知識和能力往往不是在課堂上學得，要支持和鼓勵孩子參與活動，因為那學的更多。

大兒子國小的時候，曾經一度在家中故作神秘，每天放學回家之後，總是草草吃完晚餐，就上樓躲進房間裡，在他房間門外，總可以聽到同一首流行歌大聲地不停播放，在那個錄音機還算是主流的年代，有時候歌曲會很完整地整首播完，有時候卻會持續聽到錄音機的按鍵聲，隨之而來的，就是聽到歌曲斷斷續續地播放，當然，大兒子也跟著音樂一句一句地唱和。這個神秘的計畫，我在心中大概能猜到一二，卻也不想多問，反正並不是什麼鬼鬼祟祟的行為，他也一直低調的進行著計畫。

家中鋼琴上的節拍器不見了，偶爾會從大兒子的房間中聽到清唱的歌聲，有著規律的答答聲作為伴奏；客廳的雙卡帶錄音機和麥克風大概是一起私奔，我也沒有要刻意去尋找東西到底跑哪兒去了；大兒子開始隨身攜帶一張紙條，吃飯、看電視、出門都不離身，三不五時就拿出來看一看，看完之後口中還念念有詞；有時候小兒子會被帶進房間裡成為秘密計畫的一份子，出來之後也跟著神秘兮兮地，不會多談一句。

老婆總念我一派輕鬆地毫不擔心，其實是因為我從觀察家裡的蛛絲馬跡，早了解到事情可能的發展方向。老婆就不是這樣子的個性，有點急迫想要知道大兒子葫蘆裡到底賣什麼藥，可是無論怎麼跟大兒子追問，得到的答案總是千篇一律：「沒有啊。」既然如此，那就旁敲側擊，從弟弟那邊下手。

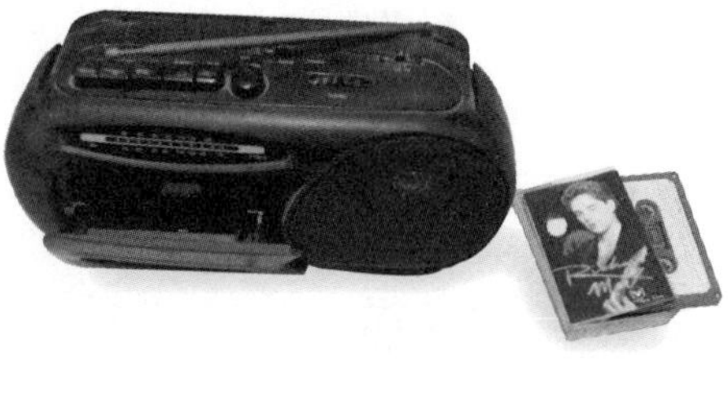

「大哥叫你進他房間都在幹嘛？」老婆問著。

「沒有幹嘛，大哥都叫我坐在那邊看著他而已。」

「叫你看著他？那他在幹嘛？」老婆對於問題得不到解答，有點急迫地追問著。

「他就在那邊唱歌啊！」小兒子有點無辜地回覆著。

「那他有沒有叫你做其他的事情？」老婆繼續追問。

「有啦，他有要我負責幫忙按錄音機，他比手勢，我就幫忙操作，一邊播一邊錄。」

沒有結論的質問，老婆也只能放棄，我比較坦然自在，只要時間到了，一切自然會有一個答案，根據我對大兒子的瞭解，只要事情到了一個段落，有了一個結果，無論好壞，他都會很樂於與大家分享這些經歷。

終於，謎底揭曉，他報名參加了學校的歌唱比賽，有點害羞的他不敢在我們面前練習唱歌，所以只好偷偷地練習，為了避免自己怯場，找弟弟進房間當觀眾，模擬一下現場演唱的壓力，只是一個小比賽，他卻很認真的看待，雖然他沒有得名，也沒有什麼氣餒的樣子，或許對他來說，真的是志在參加。

到了大兒子高中的時候，他又再度報名的學校歌唱比賽，這次他就很坦白的告訴我們：「我想要上臺練練膽量，增加一點舞臺經驗。」這跟國小時候的比賽相較之下，規模大了許多，畢竟是全校性的比賽，要在幾千人面前演出，可不是開玩笑的。他先去買好了伴唱帶準備在家裡練習，一天又一天，我們充當他的聽眾，讓他練習壯膽；一次又一次，我們也作為他的評審，對他提供建議。小兒子拿出調音器，讓大兒子可以一個音、一個音去調整音準，盡量做到最好；女兒拿著節拍器，讓大兒子每一拍都可以精準配合到節拍，達到真正的同步。我

跟老婆則是討論著，他該用怎樣的歌唱口氣去詮釋曲子，還有怎樣的手勢、動作跟神情來呈現歌詞的故事，整體的台風，也跟這樣的訓練息息相關，所以大兒子也給自己特訓，在房間的大鏡子前面，一邊唱歌一邊觀察自己的動作、姿勢，讓一切都變成自然，避免因為舉手投足的不順暢，而影響到歌聲。

比賽的當天並不是假日，我們對於當時的場景只能依靠大兒子的轉述。比賽的結果他並沒有得名，大兒子自嘲可能評審覺得他長得太帥，以為是走偶像歌手路線，以致於忽略歌唱實力的部分。據說他的演出風靡全場，還因此多了很多歌迷，甚至有同學建議他出道當藝人。本來覺得大兒子有點吹噓，有些玩笑話，畢竟沒有得名，他說的歌迷、當藝人等等，讓我們都半信半疑，直到後來，在餐廳巧遇我的朋友閒聊，他提到：「聽我女兒說，你兒子很會唱歌，參加完比賽之後很紅喔。」老婆去市場買菜，也遇到鄰居在說：「我兒子說你家小孩唱歌很厲害，我看他長得也不錯，搞不好真的可以進演藝圈喔！」我們這才知道，大兒子真的是在學校造成不小的轟動。

在那之後，大兒子也參加了大學的歌唱比賽，問他是不是想當藝人，他卻還是那個理由：「我只是想上去練練膽量，增加點經驗而已。」比賽的過程中，他依舊贏得滿堂采，比賽的結果，他依舊沒有得名，我們都知道他很有實力，不過他也始終沒有往這方面發展的念頭，歌唱沒有成為事業，卻是終身的興趣。多年後的今天，他在外頭交了許多朋友，也還是有許多粉絲，去到KTV，都指名要聽他唱歌，他也很樂於拿起麥克風高歌一曲，至於曾經怯場害怕的經驗，好像已經是很久很久以前的事情了。

校長爸爸的叮嚀

我很佩服大兒子的想法，他知道自己容易怯場，害怕面對人群，所以報名歌唱比賽，藉由自己對唱歌的興趣，還有比賽不得不上台面對觀眾的特性，來磨練自己。因為這樣，他很清楚自己想要做什麼，而且很認真的往目標去執行，所以我從來沒有制止他的行為，反倒是全力支援他。

退伍之後，投入職場，到語言不通的異國工作，面對陌生的環境、工作和伙伴，大兒子毫不膽怯，很快就適應，很快就進入狀況，所以勝任愉快。尤其，後來他轉入業務單位，更需要與人接觸，甚至，到不同的國家，不同的城市旅行洽談生意，他也自在的如魚得水。這一切對他而言，都不是困難的事。我們看著他的成長，看著他的能力，還真讓人放心和佩服。

我們都知道：**機會是給準備好的人**。在社會上，孩子需要的是能力，這些能力往往不是印在課本上，也不是坐在教室裡就能學習到，課業固然重要，課業以外的，也不該被輕忽。

無論是個人興趣、社團活動、校際比賽，在一般父母看來像是學生不務正業時才會做的事情，其實也包含了很多學習和培養能力的機會。**從上臺克服怯場與緊張，從團體活動瞭解溝通的技巧和藝術，從比賽中練習冷靜應對與團隊合作，這些東西，紙張裡沒有辦法實踐**，寫再多的試卷，用完再多的原子筆，也不能體會。在社會上立足，需要的除了那輕薄紙張的學歷之外，當然更要這些真正強而有力的「才能」作為後盾。

曾有個在意孩子成績的媽媽向我提問。我告訴她，對孩子功課的焦慮，會直接影響親子相處。這位媽媽在乎兒子的成績，已經超過在乎兒子本人了。雖然她不承認，但卻是如此清楚地表現。

粗心大意會讓自己付出代價、讀書方法需要改變、複習計畫需要調整，這些事孩子應該都知道，再不然他就是不夠聰明。所以他會自己做，而不是大人替他做。**讓孩子長大的最快最好方法，就是讓他面對自己的問題，在處理問題、解決問題時，他就會長大了。**爸媽介入的愈多愈深，孩子的問題彷彿變成家長的事情，這樣一來，他反而更不在乎了。

我給這位心急媽媽的建議，也是給各位讀者的建議。我建議她做孩子的支持者，同理正面臨升學考試的孩子的辛苦，告訴他「有委屈、挫折、壓力等，媽媽都挺你。因為媽媽愛你。至於功課、成績、人際關係等，你要自己想辦法面對和處理。媽媽無法替你做。」

孩子在意成績、在意朋友，家長則要在意他的情緒，給他鼓勵，幫他打氣，為他加油，並相信孩子有能力有辦法去解決問題和困難。在家裡，不需要當個老師，當個愛孩子的父母就行了。

親子守則
31
生活不應該被填滿，孩子更需要空間

飯吃得太飽會消化不良，孩子的學習成長也不該填滿，預留空間才能進行思考與調整。

教養孩子與對待孩子的過程中，是否出現過這樣的觀念：人生就是一連串的競爭，社會是戰場，只有不斷努力，要贏過別人，將來才能出人頭地。

其實，這是很多人從小到大接收到的教育和觀念，遵循著古人的「勤有功，嬉無益」，要勤勞要打拚，早也忙晚也忙，晚上應酬也不能少，把時間排的滿滿滿，毫無放鬆休閒的時刻，很累但好像很充實，因此覺得自己是個很棒的人。

因為大人自己這樣的價值觀和作法，教起孩子便用同樣模式。孩子休息、遊戲的時間，成了偷懶、打混的藉口，就怕少學一項，將來會不如他人。以為把孩子填滿，苦學苦讀，才會出人頭地。這大概是許多有能力的家長的共同做法。總之，就是要孩子不斷學習。報名各種才藝班，彈琴、舞蹈、畫圖、美語……，彷彿時間填愈滿，生活愈精彩，但就是不能玩（那叫浪費時間）。學齡孩子在課業方面的補習更不能少，放學後直接到課輔班安親班上課到天黑，甚至連假日都要補。

這樣的日子，孩子苦悶，這樣的童年，一點都不快樂。偏偏父母都覺得「為了美好的未來」，這樣的犧牲是必要的，是值得的。可是，透過多年的教學經驗觀察，我發現當初那些時間被塞滿、忙碌不堪的學生，聽話、守規矩、成績優異，但長大後的表現並沒有特別突出，多成為一般的上班族。反之，那些被說不怎麼用功、精力旺盛的孩子，當初課業成績中等，長大反而能跳脫框架、勇敢冒險，在各行各業都有不錯成就，還有不少創業當老闆的。

身邊有許多朋友的孩子，從小接受父母安排，認真學才藝也認真讀書。但長大後，沒留下任何才藝，因為都不是興趣，只是沾個邊，也不曾為其中一項狂熱練習過。課業也是如此，全為考試而讀，沒有真正喜歡的科目，所以沒能念到頂尖，就是考了個不錯的大學，讀了個普通的科系，沒為什麼的讀了研究所，畢業後，找了不高不低的工作。這樣一來，童年的犧牲似乎全成了盲目的努力。

更悲慘的是，造成親子關係平淡。孩子大部分時間都待在才藝班、安親班、補習班，回家就是吃飯睡覺，家人間缺乏相處，就缺乏感情，連聊天都聊不太起來。親子沒有話題，也沒有互動。大家都很忙，忙著各自的事。住在一起，剛好而已。

從事教育工作數十載，學生長大了，回來找我。聽著有些孩子談起他們的歷練與精彩，說著如何觀察、判斷，如何調整、突破、改變，如何勇敢冒險、嘗試、面對，如何投入興趣與狂熱。我看不見墨守成規，只看見有想法有方向的獨立自主，與把握「機會就在身邊」的當下。成長過程中，他們學習為人生負責。

我發現，他們談社會的複雜、工作的甘苦，就是沒談課業和成績。不再拘泥考試的分數和名次，他們大概曉得，沒有人是依靠聽話而成功。能讓他們成功的因素，竟然都是課外學習而來，有人參加社團、擔任幹部，有人在學校辦的活動或競賽裡脫穎而出，有人利用課後時間遊戲運動，有人利用假期打工與實習等，都在培養自己人生中最重要的樂觀、勇氣、態度、能力。

這些學生讓我不免思考，生活與學習是否應該有些空間，讓人放鬆、休息、充電的空間，以這樣的模式進行，身體才會健康，心情才能得抒解。擁有愉快的情緒，頭腦會更清楚，更有精力，更能思考，更有效率。相反的，即使沒有過勞到崩潰，也難避免情緒低潮，以致疲倦乏力。就像橡皮筋長時間繃緊拉扯，便會逐漸失去彈性，甚至斷裂。所以，生活不應該填滿，孩子的成長更需要空間。

在無限量自助餐廳拚命吃，想得到營養價值，結果填滿了肚子，也壞了肚子，還因為吃太多讓美味變無味。學習不是學愈多愈好，也不是學愈久愈好，偶爾還是得搭配一些輕鬆的沒壓力的不同型態的內容，或乾脆留個空白。

更重要的是，學習不是只在學校裡，也不是只在課本和教室。藉由遊戲、競賽、社團、運動等，孩子都可以學習。練習直排輪一再跌倒與爬起、賽跑或游泳時一鼓作氣與全力衝刺、園遊會上的買賣過程和行銷（賺錢）策略、運動會上的團隊攜手合作，在在都是學習。借閱課外書籍吸收新知、校園動植物的照料與觀察、下課時間與同學聊天交流、打掃時間有方法盡本分負責任，在在都是學習。放學後在家分攤家事、假日全家出門旅遊、親子間手足間商討事情、看看電視看看電影、聽著大人聊天或講話，在在都是學習。

被刻意塞滿的人生，看似充實，卻犧牲許多。因為大人如此，也如此要求孩子，犧牲的就更多了。孩子腦袋被塞滿，沒有喘息的時間，沒有思考的餘地，就沒有成長的空間。一切真的是太不值得了。失去的就是失去，犧牲的就是犧牲，不但沒有美好回報，原先對孩子的期望，恐怕成了後悔莫及的失望。爸媽一心一意想栽培孩子，反而親手壓迫了孩子的未來，擠扁了孩子的人生。

校長爸爸的叮嚀

愈有能力的家長，愈能照顧孩子，也愈會替孩子安排生活與學習（甚至人生）。這樣家庭的孩子，說起來算是幸運，但要是觀念偏差的話，反而成了一種極大的不幸。因為給的太多，排的太緊湊，把每分每秒都給填滿了，孩子可能連氣都喘不過來，連呼吸都不自由。這絕對是孩子的夢魘。

不管平日或寒暑假，許多的家長就是怕孩子閒著，以為學愈多就愈充實，卻不知道無論從教育的觀點或科學研究的證實，家長嘴裡所謂的發呆與胡思亂想，遊戲和休閒，往往才是創意的來源，是生活壓力的釋放。所以說，一定要有一些空閒的時間，休息正是為了走更長遠的路。

家人間的相處時間，是絕對的必要。那是感情的經營，更是需要的寄託。

全家人一起吃飯、閒聊、搞笑，一起聽歌看電視，一起散步閒晃，一起出門旅遊，一起騎車運動，一起玩耍遊戲，這些看似在平常不過的事情，很可能是孩子心底最渴望的幸福。

每年兒童節前後的媒體調查，多數孩子最想得到的禮物，並不是多昂貴的東西，竟然只是希望能和家人好好吃頓飯、聊個天。可見現代父母與孩子的忙碌，已經到連家人要見面吃飯都不太容易的程度了。這實在是很悲慘的事，讓人想掉眼淚。

別再用「為了孩子的前途」當理由了，因為連眼前的幸福都沒有，還談什麼未來。更何況塞滿童年的填鴨式學習模式，根本就是扼殺自主學習的能力與動力。被動加上不快樂，怎麼能期待美好的成果呢？

把掌心張開，不要再緊握了。讓孩子能夠安心放心寬心開心的在其間跳躍、起舞，這樣一來，親子之間將會多麼的快樂啊！至於未來呢？有著正面能量的孩子是不用擔心的，因為你已經給了他們最堅強的翅膀了。

親子守則 32
親子教育只有為與不為，沒有能與不能

教養不容易但也沒特別難，重點不是做不做得到，而是願不願意去做。因為幸福離我們很近，只是你願不願意靠近？

近日，有位讀者在我的部落格留言，他說我寫的親職教育相關文章，著重於中產階級的家庭，若是加班較多的年輕世代、體力負荷較重的勞力階級、相對弱勢的新住民家庭或單親家庭，想嘗試的話，恐怕會感到心有餘而力不足，甚至沮喪。其實，這類的問題我不是第一次碰到，在各地的演講中，也曾經有聽眾如此提問或抱怨。趁此機會，我想將演講時的答覆，化做文字來說明，也許會更清楚明白。

民國五十幾年的臺灣，幾乎沒有中產階級，我的父母雖然是勞工，我們雖然住在鄉下，但他們的教育方式做的對，讓我們這群孩子把握機會，改變了人生，如今，我與兄弟們在社會上各自有著不錯的發展。然而，我們的鄰居經過三代，生活形態依舊，彷彿停留在時光隧道裡。

再說我與妻子。年輕時，我們都是國小教師，就是低薪階級，國小國中同學裡，無論是經商或有一技之長的勞工，薪水都是我的兩、三倍以上，我們的收入餓不死卻也花不起。可是，我們夫妻並不是靠金錢在教孩子養孩子啊。反而因為觀念方法一代比一代好，可以把孩子教得比我們更有能力更有成就。

在既有的社會結構下，想從底層向上流動，教育是最佳的機會。學校教育從來就是一個大鍋飯，沒辦法滿足每個人，也很難完整幫助到所謂的弱勢家庭，家庭的自強，是最重要的關鍵。家庭本身的教育，是最強大的動能。

金錢或許能堆砌昂貴的學校教育，卻絕對無法塑造家庭教育。父母的覺悟，觀念調整才是核心基礎。貧困的家庭並非代代都卡在柴米油鹽的奔波，更不會因為收入低或工作忙就無能教養。在這個年代，反倒是小康家庭容易出問題，忙碌於賺錢的父母是最可能忽略孩子的族群。

我寫的文章，許多都在談觀念與做法。比如，讓孩子做家事、善用圖書館等公共資源、雙親家庭的父親不要缺席親子教育、善用吃飯或接送孩子的時間、放手讓孩子接觸社會與學習課本上無法獲得的知識與能力等，我相信，有很多很多的例子，都無關家境的好壞，而是每個家庭每位家長都值得參考、應該嘗試、可以做到的。

老實說，這些年累積這麼多文章，一定也不是家家適用，但這再正常不過了。教育類的書籍，絕對不會是一本如同字典的工具書，有問題，就能找到標準答案。很多時候，或許好幾篇文章中，只有一個觀念適合自己家裡孩子的教養。不過，親子教育最重要的，就是一開始的突破，如同一粒種子要發芽，才能漸漸茁壯，然後持續繁衍，最終成為一片樹林。

當然，我也體會到文字可能會是部分家長的障礙，畢竟每個人對閱讀的接受程度各有高低，所以，便試著藉由演講，透過輕鬆簡單的話語，把親子教育的理念傳達出去，無論一小時或兩小時，只要其中有幾句話讓家長感動，而且能化為行動，對我而言，就覺得滿足了。

書是寫給願意看的人看，觀念是說給願意聽的人聽，做的到或做不到則是個人決心問題。富不過三代，常常是因為家庭教育失敗，同樣的，窮三代翻不了身，往往也是忽略家庭教育的緣故。

親子教養不是食物，沒有價錢高低，沒有吃得起吃不起的問題。家庭教育是實務，與家長學歷無關，是願不願意做、怎麼去做的差別。所以我說這是一種「覺悟」，我到各個場合去演講，獅子會、扶輪社、學校、偏鄉、單親、外配等，肯來聽就讓人感動，因為他們已經踏出第一步，撥出時間來尋求更多親子教養的方式，聆聽更多與孩子互動的經驗分享。

沒時間是很多人的共同說法。弱勢家庭告訴我沒時間，因為家境不好，必須為賺錢為養家忙碌，但有錢人也跟我說沒時間，因為事業忙，日日都得奔波應酬。但這都是自己選擇的生活方式。

有些父母上班累，回家花時間看鄉土劇追韓劇，或玩手機玩線上遊戲，忙著自己放鬆休息，卻不騰時間陪小孩教小孩，那是他們的決定。也有單親家長，又有正職工作又兼差手工又照顧小孩，累得不得了，還是把握每分每秒，帶著孩子一起做家事，在有限的相處時間，聽孩子說話，說學校的事說心裡的事，自己也跟孩子分享生活，親子關係愈加濃厚。就有個單親媽媽特地跟我分享，說自己從前都沒想過，煮飯的時間也能變成親子相處的快樂時光。

我努力在做親職教育的推動，打開電視，總是會特別關心相關的新聞議題，出狀況的家庭的家境有好有壞，顯然教養好壞與家境好壞並無太大關係。奇怪的是，當孩子出事，父母在接受訪問時，簡直如影片重播一樣，千篇一律地說著同樣說詞：「我的孩子在家都很乖的。」「他一定是跟被壞朋友帶壞的。」「今天發生這種事情，學校老師不用負責任嗎？」這可讓我在心中冒出一堆的問號，這些大人真的認識自己的孩子嗎，了解他的交友狀況，了解他的所作所為，了解他都去了哪些地方嗎？

學校教育很重要，但不能取代家庭教育。身為父母的人，是孩子的未來。孩子的未來，難以替他安排，也不該替他決定，更是無法預知。不過，顯而易見的是，父母在家裡的所作所為、一舉一動、言語態度，都緊緊關係著孩子的學習和成長，那就是他們邁向未來的基礎。

願意為孩子改變，開始改變，才會改變。不願改變，那就永遠不變。與其找藉口抱怨，倒不如嘗試看看「有什麼是身為父母的自己能做得到的」。哪怕是一件多麼微小的事情，給孩子帶來的影響，或許都無遠弗屆。

校長爸爸的叮嚀

有些人總是有說不完的藉口，尤其是面對要花費力氣的事情，別人的成功都是那麼簡單的，自己的失敗都是因為運氣（或處境）不好。到底預計為自己的人生付出多少努力，還是希望一切都毫不費力氣？

你是否知道，**家庭是人生幸福的起點，親子教育是幸福的延續和倍增**。如果知道，卻不想努力，繼續抱怨，那就是怨天怨地怨社會。有千百個理由，因為沒有錢，因為沒有時間，一切都是政府的錯，一切都是老天的錯，反正，自己從來都沒有錯，不去思考自己的人生與家庭，為什麼會發生這麼大的錯誤，難道要叫政府叫老天來負責嗎？

幸福真的離不遠。這不是錢多錢少的問題，只看願不願意接近。由於願意追求幸福，讓我們一家人都很幸福。所以說幸與不幸，往往只是一念之間。幸福的追求要靠自己，夫妻一起努力，家人同心協力。只要有正確的觀念，就會找到好的方法，走上好的路。最怕的就是態度與觀念出差錯卻不自知或不想改，那就永遠找不到答案了。

我一路這麼走來，愈走愈輕鬆，愈走愈開心，我們家做得到的，你家也做得到，大家都做得到。教養雖然不容易，但也不是太困難，只要有心，只要觀念正確，只要願意花時間，只要願意從自己開始突破，學習追求真正的幸福，這樣的父母就已經成功了一半，這樣的家庭幸福就在不遠處了。

全新收錄

根據調查孩子最渴望的不是什麼貴重禮物，而是家人能夠愉快的相處，那麼簡單，但那就是孩子感受到的家庭溫暖和幸福。

朋友的孩子想要去學校打籃球，但是又沒伴，苦苦哀求希望爸爸可以陪他一起去，但是朋友認為自己對運動並不擅長，不是什麼運動健將，所以一再推辭。孩子因此紅了眼眶，做父親的於心不忍，也就硬著頭皮陪孩子打球去。哪知去了球場，父子玩的不亦樂乎，流了一身暢快的汗水，孩子還一直佩服爸爸的球技，覺得爸爸很厲害。

在這運動的過程裡，其實是最棒的親子互動，孩子需要的不是教練或運動高手的陪伴，而是需要玩伴，而大人無論身材、力氣，都遠勝過小孩，所以孩子當然也就覺得爸爸很厲害。開心的運動、打球，沒有太多的言語，親子之間完全沒有距離，只有汗水和笑容、笑聲。

有些不擅言詞的父親，不是沉默寡言就是詞不達意，往往和孩子溝通不良，想要和孩子接近，卻又常說錯話，反而增加了不少摩擦。但其實有時候親子之間可以不需要太多語言，只要透過活動，在一起做事或遊戲、運動，默默之中，人與人的感覺，自然呈現的關心和默契，就是感情的建立。

用行動表達對孩子的關心，是最真實的愛。家人一起做事，看似工作的活動裡，親子的互動與親近，是情感很棒的交流。

在我幼年時沒有削鉛筆機，當然也沒有自動鉛筆，父親每天用刀片幫我們這群孩子削鉛筆，我們兄弟排隊看著爸爸很細心的削好一支支鉛筆，心裡覺得很幸福，因為爸爸削的很漂亮，而有些同學的鉛筆自己削的像狗啃的一般，這讓我們更享受著爸爸削鉛筆這件事。沒讀甚麼書也不太會說話的父親，用行動表達對孩子的關心，這是最真實的愛。

爸爸是個工人，他常帶著我們做事，而跟著爸爸做事，也是童年記憶中很甜美的部分。鋸木頭、劈材，爸爸個子大、力氣大，我們在旁邊當小跟班的，跟著做，學著做。爸爸修理水電，我們當小幫手，看著壞掉的東西神奇的修好了，既佩服爸爸的厲害，也在這當中，學了許多家庭裡的器物維修本領。這些看似工作的活動裡，親子的互動與親近，是情感很棒的交流。

所以，我當爸爸後，也動手修理家中故障或損壞的物品，也帶著孩子讓他們當小助手。孩子睜大著好奇的眼睛，很奮力的遞傳工具，過程當中，言語對話不多，可是孩子學的很多，這是用眼觀察，動手操作的學習。孩子因為好奇而專注，因為佩服而更感興趣。這是簡單又美好的事情，也是我們教導孩子生活技能最直接有效的方法。

在同一棟房子裡，各自做著自己的事情，那不是愛，家人沒有互動和交流，那肯定沒有情感，肯定不是愛。

現在孩子長大了，他們在外生活，因為不是書呆子，因為有動手做的生活能力，許多時候他們很感謝在小時候那麼實在的教導。而更多朋友羨慕的是我們親子之間的關係是那樣的親近，他們很好奇，因為同樣的年紀，他們的孩子長大後，距離就越來越遠，感覺就越來越淡，好像是理所當然的。大家都很用心的養小孩，結果卻差距那麼大，原因是甚麼？

其實，不一樣的地方在於家人相處的方式，我們並不伺候孩子，但孩子總是跟我們在一起，現在偶而假日回家來，並不是回來度假當客人，他們會進廚房和媽媽一起動手做菜，邊聊天邊挑菜、洗菜、切菜，煎魚、熬湯、燉咖哩，因為在小時候，他們就常常進廚房幫忙，也學了不少廚房裡的技能，當然現在還可以討論新的菜色，甚至互相切磋自己拿手的菜餚。

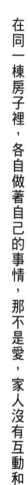

至於，男人則要面對一些粗重吃力的家事。颱風過後的庭園一團混亂慘不忍睹，一個人也無力整理。等兒子回來，我們同心協力，將傾倒的樹扶正固定，還有一些折斷的樹幹必須鋸成一段段，然後再合力扛起，搬運丟掉。在工作中，父子二人動鋤頭、拿鐮子、用鋸子毫不生疏，雖然汗水濕透了衣服，身體非常疲累，但是心情愉快極了。孩子早就不是小孩子，他已經是個男人，是個年輕的男人，力氣比我大的多。

現在，我們還是常常自己動手修理家裡的器物，但是父子合作的關係改變了，孩子是主角，我成了幫手。像是那天客廳頂上的燈泡不亮了，需要更換，搬來了鋁梯，架好之後，兒子就爬上去動手換燈泡，我只負責扶著梯子和傳遞物品而已。當然這樣的狀況，一次又一次的發生，已經成為家中生活的新形態，我們做父母的也樂於接受如此的角色互換。

家人住在一起，一起聊天，一起吃飯，一起看電視，一起做事。看起來是那麼的平常，其實就是正常的家庭生活，也是孩子最安穩的成長環境。根據調查孩子最渴望的不是什麼貴重禮物，而是家人能夠愉快的相處，那麼簡單，但那就是孩子感受到的家庭溫暖和幸福。

校長爸爸的叮嚀

據哈佛大學對於社會成功人士的研究：發現擁有家庭溫暖和愛的孩子，將來在社會上比較容易成功。雖然多數父母都說自己深愛著孩子，但是請不要誤解，豐富的金錢和生活物質的提供並不是愛，在同一棟房子裡，各自看著自己的電視節目，那不是愛，各自玩著自己的電腦遊戲，那不是愛，各自做著自己的事情，那不是愛，家人沒有互動和交流，那肯定沒有情感，肯定不是愛。

在一起，就是愛的起點，在一起做些什麼，就是愛的加溫。

親子之間需要互動，讓情感交流，做父母的千萬不要因為自己工作忙碌，忘了家庭，忘了家人，更不要因為怕打擾孩子讀書、考試，取消了家庭活動，減少了家人互動，以為是愛孩子，是為孩子好，反而讓家成了冰冷的旅館，讓家人成了最熟悉的陌生人。

想一想，你們有沒有一家人在一起，好好的吃飯，輕鬆地聊天？算一算，你們有沒有和孩子一起打球、追逐、騎單車，開心地流汗？**再想一想，你們做父母的有沒有帶著孩子一起做家事？**這些年以來，一家人曾經同心協力做過些甚麼？如果沒有太多的互動，那一家人豈不是成了住在同一棟旅館的旅人？

全新收錄
親子守則 34
沒有兒女緣，人生最大的遺憾？！

朋友說他沒有兒女緣，這是非常奇怪的說法。生了孩子，然後說沒有緣，如果沒有緣分，怎麼會成為一家人？所以這實在是沒辦法讓人接受的一種說法。

社會上卻是一直有這樣的宿命說，但我的觀察，通常只要親子關係處理不好，惡化到無法收拾，最後總是要給自己留一個台階下。或者是沒有辦法處理之後，找不到原因，只好找了算命先生，他就告訴你說，你們沒有緣。這樣子，好像就解釋了親子之間的不合。

事實上，別人不說，這位朋友我們很清楚，他在朋友圈中看似爽朗熱情，但是他主觀強烈，常常堅持己見，這樣固執的人其實相處不易，只是我們當朋友沒有生活在一起，有些事情大家不會太計較。不過，自己孩子可就不一樣了，從小要在這樣子的家庭長大，父母親有著強烈主導的個性，觀念又傳統保守，在時代和社會改變衝擊下，親子關係不佳，孩子長大之後，造成衝突在所難免。

所以若我們不願意去面對自己的親子相處，不願意去調整自己的觀念，不願去學習新的方法，只是用傳統的管教方式，以為付出就是愛，以為父母跟子女之間有天生的親子關係，天然的親子感情，卻不知道這些情感和關係其實是經營出來，當摩擦不斷消耗所謂的養育之恩，最後必然產生嚴重的問題。

孩子小時候是覺得自己委屈，因為父母親的觀念陳舊落伍，但是孩子長大成人有了自己的能力，獨立之後，必然和父母親衝突疏遠，也就成了所謂的沒有兒女緣。

其實親子教養最大的問題，在於社會的改變，父母觀念不變，總是用著自己成長的經驗，總是用著當年自己父母教養自己的方法來教自己的小孩，完全不考處世代已經差了幾十年，真的可以不改變嗎？

以這個一招半式闖江湖，以不變應萬變，當然會面臨新時代的衝擊。

人生很重要的一件事情是學習，父母親本身的學習，是給孩子最好的榜樣。更重要的是因為學習，讓自己能夠不斷面對新的事物，不會被社會淘汰。

我們從農業社會轉變成工商社會，科學不斷地進步，改變了社會，改變了人類的生活方式。我們從電子時代跨入電腦時代，電腦時代迅速進入網路時代，現在已經接近了人工智慧的AI時代，我們跟子女的相處怎麼可能還停留在農業社會的面相？

這是一個非常清楚的改變，當我們的生活方式、工作模式、人際往來、學習方法，都有了巨大的改變，那我們教養子女的方法怎麼可能一成不變？堅持只是代表自己沒有學習，不願承認自己的守舊和無法改變，當然就只能被衝擊。

人生最大的悲哀，就是養兒育女長大之後，變成陌生人。但是關鍵不在小孩，是在主導家庭一切的父母身上，不願承認，無法面對，最後只能用抽象的緣分來解釋。再說一次，你生下他，成為一家人，然後說沒有緣分，這是多麼荒謬的說法。

所以，我建議年輕父母，教養子女要有新的觀念，去面對新的環境，新的時代和新的社會。多陪陪孩子玩遊戲，這是孩子最需要，玩伴就是同伴，同伴就是朋友，朋友是很重要的。跟孩子聊聊天，這是每個人都需要，聊得來就是知心，知心是相互了解，就是好友，好友可以是一輩子的。

感情是需要建立的，感情是需要經營的，不要以為只要是父子／母女就天生有感情，就穩固的不會被撼動，這是傳統社會裡固著的錯誤觀念。強調生育之恩，強調養育之恩，所以父母親自以為是天，忘了自己其實只是人，而且是平凡人。

生下了孩子，就以為我們給了他生命，就以為自己是偉大的父母，其實這一切都是生物界的一部分，是很自然的現象，並沒有到達偉大，所以不用自以為是。真正的父母，真正的很棒的父母，是用正確的觀念，好的方法，陪著孩子成長，因為我們的用心，讓他有比我們更好的環境，更好的成長，更好的機會。

不要怪孩子不懂事，那是你教出來的，不要怪孩子頂撞，那是你製造出來的，不要怪孩子沒能力，那是你養出來的，不要怪孩子不理你，那是經營的結果。

當自己只能自怨自艾，無法面對孩子長大之後的關係，就把它歸咎沒有兒女緣，算是為自己悲慘的親子關係做一個不願意負責的台階，雖然有台階下，但是恐怕這狀況會陪著自己的中老年，到人生的最後。遺憾始終會是遺憾，不面對，仍然是遺憾不會改變。

我身邊的朋友，都已經進入中老年，也就是孩子都已經長大成人，每一家的情況當然都不同，有人一家和樂。有人養出了啃老族，只能繼續辛苦的撫養已經長大的孩子，苦不堪言。有人和孩子冷淡的冷漠的，好像是沒有生養過孩子，逐漸走向孤單寂寞，這一切都已經成為定局，不會再翻盤改變，這是結果，幾家歡樂幾家愁，但是所有的原因，都是孩子小時候的家庭教養和親子關係，最後的驗收。

幸福離我們不遠，但是很多人不懂得接近，最後怨嘆自己的命運不好，卻忘了主宰命運的人是自己。跟子女的關係也是如此，家庭是幸福很重要的基礎，我們沒有學會去經營幸福，最後怪自己運氣不好，卻不知道根本是自己放棄了幸福。

校長爸爸的叮嚀

當初父母親是在鄉下把我們養大，後來我們養育子女的時候是在都市。父母養我們的年代是個農業社會，我們養育子女時是工商社會雙薪家庭，簡單地說，環境完全不一樣，方法怎麼可能相同呢？如果不用腦筋，不假思索，非要孩子跟自己小時候一樣的成長方式，用著父母以往管教的方式，怎麼會有好的結果呢？

這麼簡單的問題，自己都沒有發現，也就是說自己對於環境社會的感知能力如此薄弱，怎麼還敢認為自己是好的爸媽呢？如果自己都不知道要調整，要適應新的生活，那教育孩子不過就是拿著舊的框架，硬要套在小孩的身上，其實孩子是可憐的。

我們身體沒有殘缺，就是幸運；我們懂得學習，就是幸福的開始。人因為學習而強大，越有想法，越有能力，越能夠掌控自己的人生。新的觀念是學習來的，方法是學習來的，能力和技巧都是學習來的，多數的成功失敗都是掌握在自己的手上，也因為這樣才能夠在工作和生活上得心應手，順利順心，走向幸福。

家庭是我們人生很重要的一部分。我們結婚成家，就表示我們要經營一個家庭，當我們生下子女，就表示我們的家庭有更多的成員，會有更豐富更美好的家庭生活，那就是幸福的加倍。所有的幸福是要付出的，想要更多得到更多，就要付出更多，道理就這麼簡單。

全新收錄
親子守則
35
你是孩子的墊腳石，還是絆腳石？

在孩子對自己更明白、做人生重大抉擇的當下，只有許多關懷、鼓勵的對話，更能讓孩子全力以赴，追求他的人生。

兒子在台南讀書，在大三要升大四那年的暑假，他打電話回來說唸錯科系了，原本讀工學院的他發現自己的興趣是做生意，他想要從商，所以打算放棄所學轉換跑道。在電話中我們沒有爭執，我沒有生氣，沒有指責，沒有訓斥，只有關心和疑惑，這要如何是好？要怎麼辦呢？他說他自己會處理。那年的暑假，他打工去做銷售業務，他決定放棄大學三年所學的專業從零開始重新學習。

開學後，大學四年級的一年，大部分時間他在保險公司兼差。我很好奇難道這輩子他就打算要做保險了嗎？他說他還沒有確定人生的目標，但是他正在為未來的方向做準備。很多朋友都覺得不可思議，這樣子原本建築土木的學習不是半途而廢了嗎？如此重大的改變是正確的抉擇嗎？為什麼一個年輕人可以這樣輕易放棄原來所學？這不是盲目的衝動嗎？我尊重孩子他的判斷和決定，他發現興趣不合，他知道他如何為人生努力，做父母的何必過度干涉呢？

時間過去十多年了，現在的他已經成家立業，過得很好，工作很順利愉快，家庭很幸福美滿，這是他要的，這是他人生的選擇。我很慶幸，在他對自己更明白的時候，在他做人生重大抉擇的當下，我們完全沒有衝突，只有許多關懷、鼓勵的對話，也因此讓孩子能夠全力以赴，追求他的人生。

驚聞以前服務的學校裡同事的孩子，被父母強迫念了沒興趣的科系，最後因為學習的壓力，選擇了跳樓輕生。這個悲劇的發生，原因是父母親替孩子選擇將來有出路的科系，認為學這個才有用，認為讀這個科系畢業才容易找到工作，完全不在乎孩子的興趣。聽起來都是為了孩子的未來，聽起來都是為了孩子好，結局和結果卻是這麼的不好。孩子不見了，悔不當初的父母只能痛一輩子。是不是老師的身分是父母的時候，好像也變得盲目了。

有一個企業家朋友，事業成功，見識廣博，他很想孩子長大後能繼承事業，但他的孩子一路長大興趣所在卻是藝術。他對孩子說，我很擔心學這個將來可能會沒飯吃，但是你是我的孩子，我會支持你做你想做的事情。他的孩子在父母充分的後援之下，走著他的人生路，學習他最熱愛的藝術，畢業後還出國深造，因為這樣家人的愛，因為父母的全力支持，他沒有後顧之憂，如今已經是個成名的藝術家。這是多麼美好的親子關係，這是個多麼睿智的父親。

成功的父母，有著成功的社會地位和財富，還有著人生的成功經驗，看起來能夠生在這樣家庭的孩子非常幸運，因為這樣子的擁有，讓孩子其實有了很好的家庭環境，好像可以說是贏在人生的起跑點，但是真正的幸或者是不幸，其實還要看父母親到底是用什麼樣的想法來養孩子。

其實不只我的同事，在日常的新聞報導之中，常常看到很多高社經地位的家庭裡的孩子，因為父母給的壓力太大，反而在人生的路上倍加辛苦，甚至還發生了難以挽回的不幸事件。這是什麼原因？為什麼明明看起來比人家幸福，明明有很好的背景和條件，卻發生了讓人嘆息的悲劇。

如果父母親常常犯了以下的這些錯誤，那個孩子恐怕很難快樂的成長。一種是常常用自己成功的經驗去要求孩子，總是說自己當年有多麼勤奮努力向學，成績有多優秀。總是說自己年輕時異於常人的堅毅努力工作，才能夠獲得今日的成就，希望孩子要有同樣的態度和精神。

另一種則是，常常拿身邊親友的孩子優異的學習成績要求孩子要達到，不可以丟臉，甚至要比別人更好，要名列前茅遙遙領先，要鶴立雞群一馬當先。而且認為這都是理所當然的，因為家裡有好的環境，好的基因，好的父母，所以孩子當然就要有最好的表現。在自己孩子之間，也是同樣的要求每個人都要有優異的表現，哥哥姐姐進了第一志願，弟弟妹妹當然不能漏氣，每個孩子都是父母精心傑作，絕不能丟父母親的臉。

不管是哪一種情況，就是同樣地高標準高期望，目標訂得比別人高，要求比別人多，而且認為這是理所當然，孩子應該要達到。因此，這樣看似幸福的家庭卻活得比別人要辛苦，因為有好的表現是應當的，若是表現讓父母失望了，沒有達到標準了，那所有的壓力就會全面的籠罩，反而遠比那些沒能力或不關心的父母要強大得多。

所以父母親努力的想做孩子的墊腳石，讓孩子站得比別人高，讓孩子不用踩到泥漿，讓孩子有比別人更好的機會，但是也要求孩子要有比別人更好的表現，這高高的墊腳石，竟然就是孩子人生絆腳石。

校長爸爸的叮嚀

孩子最害怕被比較，其實每個人都是不同的個體，即使同樣的父母生出的孩子也不盡相同，孩子更不可能跟父母一模一樣，智能可能不同，興趣可能不同，更重要是成長的環境不同，時機不同，人生有太多的組合因素，怎麼可能複製所謂的成功經驗？

驕傲的父母，炫耀自己的成功，要孩子走的路線複製他的經驗，這其實是一種非常跟不上時代的父母，他的驕傲其實是刺痛孩子的利劍。愚蠢的父母，不斷拿別人的孩子來比較，給自己孩子壓力，其實要的是面子，當面子比孩子重要的時候，很容易就失去了孩子。搞不清楚狀況的父母，拿自己的孩子傷害自己的孩子，造成了兄弟姐妹之間的仇恨摩擦，只是因為父母不斷的拿他們作比較。

為人父母都想為孩子好，但是同樣的力量，可能是助力，也可能是阻力。可能是推力，也可能是壓力。一念之間，用力的方向就不一樣了，所以父母親可能是孩子的墊腳石，也可能是孩子的絆腳石，同樣甘願做一塊石頭，卻產生了完全不一樣的結果，好好想想。

聽孩子說，比說給孩子聽重要
校長爸爸的生活教養學 增訂版

國家圖書館出版品預行編目 (CIP) 資料

校長爸爸的生活教養學 / 黃登漢著 . -- 3 版 . -- 臺北市 : 新手父母出版，城邦文化事業股份有限公司出版 : 英屬蓋曼群島商家庭傳媒股份有限公司城邦分公司發行，2023.08
面； 公分
ISBN 978-626-7008-41-6(平裝)

1.CST: 親職教育 2.CST: 子女教育

528.2 112009395

作者：黃登漢
選書：林小鈴
主編：陳雯琪

行銷經理：王維君
業務經理：羅越華
總編輯：林小鈴
發行人：何飛鵬

出版：新手父母出版
城邦文化事業股份有限公司
台北市中山區民生東路二段 141 號 8 樓
電話：(02) 2500-7008 傳真：(02) 2502-7676
E-mail：bwp.service@cite.com.tw

發行：英屬蓋曼群島商家庭傳媒股份有限公司城邦分公司
台北市中山區民生東路二段 141 號 11 樓
讀者服務專線：02-2500-7718；02-2500-7719
24 小時傳真服務：02-2500-1900；02-2500-1991
讀者服務信箱 E-mail：service@readingclub.com.tw
劃撥帳號：19863813
戶名：書虫股份有限公司

香港發行所：邦（香港）出版集團有限公司
香港灣仔駱克道 193 號東超商業中心 1F
電話：(852) 2508-6231 傳真：(852) 2578-9337
E-mail：hkcite@biznetvigator.com

馬新發行所：城邦（馬新）出版集團 Cite (M) Sdn Bhd
41, Jalan Radin Anum, Bandar Baru Sri Petaling, 57000 Kuala Lumpur, Malaysia.
電 話：(603)90563833 傳 真：(603)90576622 E-mail：services@cite.my

封面設計：徐思文
版面設計、內頁排版：徐思文、劉麗雪、吳欣樺
圖片提供：薛慧瑩、羅曉霖、李惠芬、吳家昇、詹金章、王慧倫、廖之瑋、陳香君、王思勻、陳雅萍、鄭小奇、孫夢梅、陳玉涵、馮佩琪
製版印刷：卡樂彩色製版印刷有限公司

2012 年 10 月初版 ｜ 2017 年 8 月 2 版 ｜ 2023 年 8 月 3 版
Printed in Taiwan
城邦讀書花園 www.cite.com.tw
定價 380 元
ISBN ｜ 978-626-7008-41-6（紙本）
ISBN ｜ 978-626-7008-44-7（EPUB）